チュートリアルの伝播と変容
イギリスからオーストラリアの大学へ

Transition and Transformation of the tutorial system: from
British to Australian universities

竹腰 千絵

東信堂

はしがき

　「学ぶ」とは、どういうことだろう。未知の世界を知ること？ 新しく知ったことを覚えること？ それとも…。

　本書は、イギリス高等教育において伝統的な教授形態であるチュートリアルについて書いたものである。チュートリアルとは、少人数の環境で、学生が書いてきたエッセイをもとに、学生とチューターがディスカッションをし、その中で学生の思考が深められていくという学びのスタイルである。

　子どもの頃の私は、模擬試験や学校のテストで「良い点を取ること＝勉強の楽しさ」だと思い込んでいた。
　ところが、大学受験を控えたあるとき、ある人から「大学は、好きなことを学ぶところなんだよ」「面白いから学ぶんだよ」と言われ、期待に胸を膨らませたのを覚えている。
　しかし、大学に入った私を待っていたのは、「ふわっ」とした学生生活だった。のめりこんでいけるほどの「学び」に出会えることはなかった…。
　そんな私に転機が訪れたのは、大学3年生のとき、留学先のオックスフォード大学で受けたチュートリアルという授業だった。チュートリアルは、これまで私が受けてきたような、受動的な学習ではなかった。何も準備をせずにチュートリアルに臨んだある日、「あなたが事前に（本を読んだり講義を聴いたりして）準備をしてこなければ、今日勉強することは何もないわ」と、チューターから言い放たれ、追い返されたときの衝撃！ チューターの持っている知識を伝授されるのが授業ではないという

驚き！

　自分がいろんな本を読み、講義を聴き、そこから学んで考えたことをもとに、チューターとディスカッションをする。チューターの考えが全て正しいというわけでもなく、チューターと自分の考えを二重らせんのように高めていき、新しいものをつくる、化学反応のような体験！

　それが、チュートリアルだった。

　それまで私が経験してきた「学び」とは違うスタイルの学びが、世の中には存在することを知った。

　日本に帰ってきてからその体験を話しても、「オックスブリッジだからできることでしょ？」と言われた。確かにチュートリアルは、同窓会の力が強く、卒業生（alumni）からの資金的なサポートもあるからこそ成立する、少人数の学びのスタイルなのかも知れない…。

　そう考えていた矢先、オーストラリアの大学にもチュートリアルなるものが存在することを知った。しかもオーストラリアの大学では、イギリスのオックスブリッジに比べて、クラス規模の大きなチュートリアルが展開されていた。

　一見普通の授業（class）のように思われる、このオーストラリアの「チュートリアル」は、どうしてチュートリアルと呼ばれるのか？そこに、オックスブリッジに端を発するチュートリアルのエッセンスは脈々と受け継がれているのだろうか？

　そんなことが知りたくて始めたのがこの研究だった。

　この研究を続けていくうちに、日本の高等教育では「アクティブ・ラーニング」なるものが流行し始め、今では大学のみならず高校段階においても積極的に導入が図られている。

　確かに今までの講義中心の受動的な教育に比べれば、一見すると学生が文字通り「アクティブ」に活動している感はある。しかし実際に、学生たちの学びはどこまで深められているのだろうか。そもそも、学生そ

れぞれの問題関心は異なっているのに、どうしてグループ・ワークで「学生の問題関心を深めた」ことになるのだろうか。「学ぶ」ということの根本的な意味を問おうとしているのも、この研究の特徴である。

　本書では、チュートリアルのエッセンスをみる上で、その歴史的経緯にも触れているが、読者の興味・関心に合わせて、面白そうと思うところから読んでいただければ幸いである。

　そして本書が、「学ぶ」という喜びにまだ出会えていない若者や、自ら「考える」学生を育てようと日々教育に邁進されている大学関係者の手にとられ、主体的に学ぶことの楽しさ・面白さを知るきっかけの一つになってくれれば、筆者としてこれほど幸せなことはない。

2017 年 3 月
竹腰　千絵

目　次／チュートリアルの伝播と変容──イギリスからオーストラリアの大学へ

はしがき（i）

序章 ……………………………………………………………………………… 3

第1章　高等教育におけるチュートリアル ……………………………… 13

第1節　イギリス高等教育における
　　　　チュートリアルの位置づけ ……………………………………… 13

　1　イギリス高等教育の歴史的変遷（13）

　2　イギリス高等教育の教授形態におけるチュートリアル（16）

第2節　高等教育の興りと教授形態 ………………………………………… 20

　1　大学の型とカレッジ制（21）

　2　パリからオックスフォードへの移動（24）

第3節　オックスブリッジにおける
　　　　チュートリアルの歴史的変遷 …………………………………… 26

　1　カレッジの創設とチュートリアル（27）

　2　優等学位の導入とチューターの学問的指導への傾倒（28）

　3　教養教育論争と科学科目の導入（30）

　4　カテキズム的少人数教育からソクラテス的チュートリアルへ
　　　──プライベート・チューターからの影響（32）

　5　4パターンのチュートリアルの捉え方（37）

第2章　イギリス高等教育におけるチュートリアルの伝播と変容 …… 53

第1節　ロンドン大学・市民大学への
　　　　チュートリアルの伝播と変容 …………………………………… 53

　1　オックスブリッジからロンドン大学へ（53）

　　（1）　ロンドン大学の設立と理念（53）

　　（2）　教育機関としての新生ロンドン大学へ（56）

(3) ロンドン大学へのチュートリアルの伝播（57）

　2　オックスブリッジから市民大学へ（60）

　　(1) 市民大学の設立と理念（60）

　　(2) 市民大学へのチュートリアルの伝播（62）

第2節　新大学へのチュートリアルの伝播と変容……………………70

　1　オックスブリッジから新大学へ――新大学の設立と理念（70）

　2　新大学へのチュートリアルの伝播（73）

第3節　イギリス国内における
　　　　チュートリアルの要素の変容……………………………………78

第3章　イギリスからオーストラリアへの
　　　　　チュートリアルの伝播と変容………………………93

第1節　オーストラリアにおける大学の興り……………………………93

　1　シドニー大学の創設
　　　――ロンドン大学モデルからの出発（93）

　2　改革後のオックスブリッジ・モデルの影響（96）

　3　講義への出席の義務づけ（99）

　4　メルボルン大学の創設
　　　――クイーンズ大学モデルからの影響（101）

第2節　オーストラリアの大学への
　　　　チュートリアルの伝播……………………………………………103

第3節　オーストラリア国内における
　　　　チュートリアルの伝播と変容……………………………………107

　1　オーストラリア内でのチュートリアルの伝播と変容（107）

　2　戦後の高等教育システムの拡大（111）

　3　学習環境と教授形態（112）

第4章　現代のオーストラリアにおけるチュートリアル………… 125

第1節　オーストラリアにおける一般的なチュートリアル………………125
 1　オーストラリアにおけるチュートリアルの実態（126）
  (1)　チュートリアルの目的と意義（126）
  (2)　チュートリアルの位置づけと規模（127）
  (3)　チュートリアルの形態（129）
  (4)　学生の役割（130）
  (5)　チューターに求められるものとその役割（131）
 2　チューターへの研修とその背景（134）
  (1)　チューター相互授業観察（134）
  (2)　大学への移行期におけるチューターの存在と役割（136）
 3　オーストラリアの一般的なチュートリアルの要素（139）

第2節　新しい形の「チュートリアル」の実践………………143
 1　対面型チュートリアルとウェブ・チュートリアルの併用
  ──西オーストラリア大学における実践（143）
 2　講義と「チュートリアル」の融合
  ──クイーンズランド工科大学におけるレクトリアルの実践（146）
 3　ウェブ・チュートリアル
  ──南クイーンズランド大学における実践（151）
 4　新しい形の「チュートリアル」の要素（153）

第3節　形態の変化を超えて維持されるチュートリアルの要素…155

終章……………………………………………………………165

参考・引用文献（173）
あとがき（177）
索引（183）

チュートリアルの伝播と変容
──イギリスからオーストラリアの大学へ

序　章

1　問題の所在

　昨今、日本の高等教育においては、アクティブ・ラーニングという言葉が流行し、教員主体ではなく、学生を主体とした授業への転換が図られている。また、そのために必要な要素であると考えられている、少人数教育という概念も重視されてきている。その1つの指標として例えば、「大学における大学生・教員数比率の国際比較」[1]を見てみると、教員1人あたりの学生数（教員対学生比）の値が小さい方が、教育環境として良いとされているのが分かる。さらに、文部科学省による「大学における学生生活の充実方策について（報告）—学生の立場に立った大学づくりを目指して—」においても、少人数教育の充実について述べられており、またチュートリアル・システムの導入についても言及されている[2]。

　チュートリアル（tutorial）とは、学生主体の授業を少人数の環境で行う、イギリス高等教育における伝統的な教授形態である。これは13世紀のオックスフォード・ケンブリッジ両大学（以下、オックスブリッジとする）で発生した、歴史あるものである。チュートリアルとは、チューター（tutor）と学生が1対1～4の割合で行われる個人指導のことで、学生が書いてきたエッセイに対し、チューターが批評を行い、その後チューターと学生の間でディスカッションが行われるというものである。オックスブリッジのカレッジにおいては古くから、非公式な形で学生に学問的・道徳的指導を行うチュートリアルが存在した。19世紀になって優等学位試験が導入されたことで、チューターの役割は一度学問的指導に

傾いたが、その後、道徳的指導の側面が見直された。そしてチュートリアルは、学生の興味・関心を深め、その知的・精神的成長を促す、イギリス高等教育を特徴づける教授形態へと変容していったのである。

しかし「チュートリアル」という言葉は、様々な教育機関における活動に使われており、チュートリアルに対する理解が一様ではない。実際に、オックスフォード大学在学中に筆者が経験したチュートリアルと、オーストラリアの大学で見たチュートリアルには、規模や位置づけにおいて大きな違いがあった。そこから、同じ名称で呼ばれていても、内容的に大きな格差があることが予測された。そして、世の中でチュートリアルと呼ばれている教育活動も、内実は多様であることが考えられる。同じ「チュートリアル」という言葉で表される教育活動に、これだけの違いがあるのはどうしてなのだろうか。換言すれば、中身が違っていても、チュートリアルと呼ばれ続けるのはどうしてなのか。それを明らかにするために、本論文では、チュートリアルの伝播と変容に注目し、歴史的アプローチによる分析を行う。

第一に、チュートリアルの発祥の地であるオックスブリッジのチュートリアルを吟味することで、チュートリアルとは一体何であるのか、それを形成する要素について明らかにする。

第二に、イギリスの高等教育の展開を通して、19世紀以降、ロンドン大学、市民大学、新大学が設立されていく中で、オックスブリッジのチュートリアルの要素がそれらの大学にどのように伝播し変容していったのかを、その理由や背景とともに明らかにする。

第三に、イギリスからオーストラリアの高等教育へ、チュートリアルがどのように伝播していったのか、その過程について明らかにする。そして、オーストラリア国内におけるチュートリアルの伝播と変容を見る中で、イギリスのチュートリアルの要素がどのように継承されたのか、あるいは継承されなかったのかを明らかにする。

第四に、オックスブリッジからイギリスやオーストラリアの大学へ

チュートリアルが伝播し変容していく1つの大きな要因である、「大学におけるチュートリアルの位置づけ」と、「チュートリアルの目的」について考察する。

これらの点を明らかにすることにより、本論文全体を通して、オックスブリッジのチュートリアルを形成する要素として導き出したもののうち、イギリス国内外へ伝播したチュートリアルへ、継承され維持されている要素と、継承されなかった要素、変容した要素を明らかにし、一体どれがチュートリアルをチュートリアルたらしめる要素なのかをあぶり出す。

なお本論文ではイギリス[3]の大学を「オックスブリッジ」「ロンドン大学」「市民大学」「新大学」の4つのカテゴリーに分けて考察する[4]。

2 先行研究

イギリスにおけるチュートリアルに関する先行研究についてはまず、サンダーソン（Sanderson, M. 1975）[5]が、教養教育が意味するものの時代による変化や、オックスブリッジ批判、優等学位の導入により実質的な教育が大学外のプライベート・チューターによって行われるようになったことなどを指摘している。安原（2005）[6]は、オックスフォード大学におけるチュートリアルとチューターの役割、優等学位試験、教養教育について言及している。舟川（1999）[7]は、プライベート・チューターや教養教育について、歴史的アプローチにより批判的な分析を行っている。チュートリアルが、19世紀に活性化されていく様子は、安原（2001）[8]が描写している。成田（1969）[9]は、オックスブリッジ以外の大学の設立が王権によって長い間抑圧されていたことや、その抑圧に対して19世紀、ロンドンに新しい大学を設立しようとする動きが出てきたことについて言及している。イギリスの大学における教授形態については、イギリス政府の諮問機関などによって詳細な調査が行われ、その報告書が出されており、チュートリアルとセミナーの違いなどについても述べら

れている。

　また、オックスブリッジ以外の大学が設立された際の、オックスブリッジのチュートリアルに対する他大学の考え方について考察した研究としては、以下のものがある。パーキン（Perkin, J. H. 1969）[10] は、ロビンズ報告やヘイル報告を参考にしながら、ロンドン大学、市民大学、新大学について、その設立や理念について考察している。新大学については、小集団によるディスカッション中心の教育、教員と学生の親密な人間関係の重視、カレッジ制の復興など、オックスブリッジに倣った概念を多く採用していることが述べられている。ローラー（Lawlor, J. 1970）[11] は、新大学の先駆けとして設立されたキール大学やそれへの批判、また新大学の設立に対して政府の支援がどのようなものであったのかについて考察している。

　沢田徹編著『主要国の高等教育―現状と改革の方向―』[12] では、イギリスにおける各大学の設立背景や、チュートリアル、講義、セミナー、演習などへの各大学の時間の充て方について、ロビンズ報告をもとに書かれている。また同著では、近年チュートリアルが他大学、特に新大学において多く活用されていることが述べられている。バーダール（Berdahl, O. R. 1959）[13] は、19世紀以降のイギリスにおける各大学や、大学補助金委員会[14]（University Grants Committee、以下UGCとする）の動きについて概観している。

　ロンドン大学については、オルドリッチ（Aldrich, R. 1996）[15] が、大学設立の背景や、学外学位試験制度などについて考察している。また、ネグレイ（Negley, H. 1986）[16] は、ロンドン大学設立当初の事情や、ロンドン大学が教育機関として再編成されていく様子を描いている。ベロー（Bellot, H. H. 1929）[17] は、ロンドン大学において学科制が採用された背景など、その歴史的変遷を詳細に考察している。

　市民大学については、ジョーンズ（Jones, R. D. 1988）[18] が、その設立の目的について述べている。また市民大学が、ロンドン大学同様、オッ

クスブリッジのチュートリアルという教授形態ではなく、スコットランドの大学における講義を模倣したことなどにも言及している。アーミティジ（Armytage, W. H. G. 1955）[19]は、市民大学が大学憲章を授与されたことでロンドン大学のカリキュラムから解放されたことや、市民大学の学生がチュートリアルの増加を求めたことなどを述べている。またトラスコット（Truscot, B. 1943）[20]は、通学制を採用した市民大学では、大学において道徳的指導をする必要がないと主張しているが、これについては、カレッジと寄宿舎を混同しているため、この主張に限界があることを本論で指摘する。

次に、オーストラリアの高等教育におけるチュートリアルに関する先行研究としては、以下のものがある。大学のシステムが他国へ広がっていった際の型について分類しているのが、アシュビー（Ashby, E.）による *Universities: British, Indian, African — A Study in the Ecology of Higher Education —*（1966）[21]や、*Challenge to Education*（1946）[22]である。オーストラリアで最初に創設されたシドニー大学については、ターネイら（Turney, C. et. al.）による *Australia's First — A History of the University of Sydney Vol. 1; 1850-1939 —*（1991）[23]や、バーフ（Barff, E. H.）の *A Short Historical Account of the University of Sydney*（1902）[24]などがある。シドニー大学の初代学長であり、シドニー大学創設期に多大な影響を及ぼした人物であるウリー（Woolley, J.）については、シンプソン（Simpson, G. L.）による "Reverend Dr John Woolley and Higher Education"（1969）[25]に詳しい。一方、シドニー大学創設から3年後に創設されたメルボルン大学については、ブレイニー（Blainey, G.）による *A Centenary History of the University of Melbourne*（1957）[26]や、スコット（Scott, E.）による *A History of the University of Melbourne*（1936）[27]などの研究がある。また、オーストラリアの大学へチュートリアルが伝播した際、その背景にいた人物についての先行研究としては、マッキンタイアとトーマス（Macintyre, S. & Thomas, J.）による *The Discovery of Australian History:1890-1939*（1995）[28]

に詳しい。オーストラリアにおける大学創設から、戦後の高等教育までを扱ったものとしては、杉本和弘の『戦後オーストラリアの高等教育改革研究』(2003)[29]がある。

イギリス高等教育に関する先行研究においては、上記のようにチュートリアルが発生した背景や、オックスブリッジのチュートリアルが他大学の設立の際に参考あるいは比較対象とされていたことなどについての考察はされている。しかし特にチュートリアルの歴史的変遷に焦点を当て、オックスブリッジにおけるチュートリアルの変遷だけでなく、オックスブリッジからイギリス国内の他大学へ、さらには国境を越えて他国の大学へ、チュートリアルがどのように伝播し変容していったのかについて、系統立てて分析した研究は今までになかった。また、チュートリアルを形成する要素についても、形態的な特徴については先行研究で指摘されているものの、機能的な特徴にまで言及されることは少なかった。それはチュートリアルがプライベートな空間で行われる教授形態であるため、その内部を垣間見ることは困難であったためである。しかしインタビュー調査や自身の経験などから、機能的な特徴こそがチュートリアルを形成する重要な要素であると考えたため、本研究ではそれらの要素についても考察する。

3 本論文の構成

本論文の構成は以下の通りである。

第1章では、イギリスの高等教育の歴史的変遷を概観する。また、イギリスの高等教育において使われている教授形態について、チュートリアルを中心に考察する。次に、チュートリアルが発展していく基盤として欠かせないのがカレッジ制であるが、カレッジ制は今日考えられているようにイギリスにその起源を有しているのではなく、実はその起源はパリ大学にあった。そこで第2節では、イギリスから中世のヨーロッパへ視点を移し、そこで誕生した2つの母胎大学のうちパリ大学に

ついて考察し、そこで発展したカレッジ制について論じる。第3節では、オックスブリッジにおけるチュートリアルの歴史的変遷について考察する。その際、チュートリアルの発展を促した要素であるカレッジ制（collegiate system）、教養教育[30]（liberal education）、優等学位試験制度（honours examination）、プライベート・チューター（private tutor）に注目して検討を加える。そして、第1章全体から、オックスブリッジのチュートリアルを形成する要素を導き出す。

第2章では、オックスブリッジのチュートリアルがイギリスの他大学にどのように伝播していったのか、その形態を明らかにする。第1節では、スコットランドの教授形態から大きな影響を受けていたロンドン大学・市民大学へのチュートリアルの伝播と変容について考察する。第2節では、オックスブリッジの教授形態から大きな影響を受けた新大学へのチュートリアルの伝播と変容について考察し、両者を比較する。そうすることで、オックスブリッジのチュートリアルから両者が共通に受け継いだ要素と、一方だけが受け継いだ要素を導き出し、どのような要素がチュートリアルを形成しうるのかについて明らかにする。

第3章からは、チュートリアルがイギリスという国を越えて、その植民地であったオーストラリアへ、どのように伝播し変容していったかについて考察する。第1節では、オーストラリアにおける大学の興りについて、シドニー大学とメルボルン大学を中心に考察する。第2節では、チュートリアルがオーストラリアの大学に伝播することとなった背景にいる人物に焦点を当てて論を進める。第3節では、チュートリアルがオーストラリアの他大学に広がっていくきっかけとなった人物らに着目し、オーストラリア国内でのチュートリアルの広がりを考察する。

第4章では、現代のオーストラリアにおけるチュートリアルについて論じる。今日のオーストラリアでは、イギリスからオーストラリアへ伝播した対面型のチュートリアルを補うものとして、さらには置き換わるものとして、ウェブ上でのチュートリアルが実践されている。また、

チュートリアルと講義（lecture）を組み合わせたレクトリアル（lectorial）の実践も見られる。これらの新しい形の「チュートリアル」は、オックスブリッジからのチュートリアルの流れの中に位置づくものなのか考察する。

注

1 筒井泉「大学における大学生・教員数比率の国際比較」最終報告、2010 年。
2 「大学における学生生活の充実方策について（報告）―学生の立場に立った大学づくりを目指して―」2000 年、文部科学省。(http://www.mext.go.jp/b_menu/shingi/chousa/koutou/012/toushin/000601.htm 2015/12/23 最終アクセス)
3 本論文ではイングランドを指す。
4 この分類の仕方は、以下の先行研究において用いられている。(成田克矢「イギリスの大学改革」大学改革研究会編『世界の大学改革』亜紀書房、1969 年、45 〜 50 頁、67 〜 69 頁。；沢田徹編『主要国の高等教育－現状と改革の方向－』第一法規、1970 年、132 〜 138 頁。)
5 サンダーソン, M.（安原義仁訳）『イギリスの大学改革－1809-1914 －』玉川大学出版部、2003 年。
6 安原義仁「イギリスの大学における学士学位の構造と内容」日本高等教育学会編『高等教育研究』第 8 集、2005 年、95 〜 120 頁。
7 舟川一彦『十九世紀オックスフォード』上智大学、1999 年。
8 安原義仁「近代オックスフォード大学の教育と文化」橋本伸也他著『エリート教育』ミネルヴァ書房、2001 年、202 〜 240 頁。
9 成田克矢、前掲書、1969 年、44 〜 96 頁。
10 パーキン, J. H.（新堀通也監訳）『イギリスの新大学』東京大学出版会、1970 年。
11 ローラー, J. 編（上村達雄訳）『新しい大学』時事通信社、1970 年。
12 沢田徹、前掲書、1970 年。
13 Berdahl, O. R., *British Universities and the State.* Arno Press, 1959.
14 大学補助金委員会（University Grants Committee, UGC）とは、国庫補助金の使用に際し、政府と大学の間に入り調整するため、大蔵大臣の諮問機関として 1919 年に設置された。詳しくは第 2 章第 1 節で述べる。
15 オルドリッチ, R.（松塚修三他監訳）『イギリスの教育』玉川大学出版部、2001 年。
16 Negley, H., *The University of London, 1836-1986: an illustrated history.*

Athlone Press, 1986.
17 Bellot, H. H., *University College, London.* University of London Press, 1929.
18 Jones, R. D., *The Origins of Civic Universities.* Routledge, 1988.
19 Armytage, W. H. G., *Civic Universities.* Arno Press, 1955.
20 Truscot, B., *RedBrick [i.e. Red Brick] Unviersity.* Faber, 1943.
21 Ashby, E., *Universities: British, Indian, African – A Study in the Ecology of Higher Education –.* Weidenfeld and Nicolson, 1966.
22 Ashby, E., *Challenge to Education.* Angus and Robertson, 1946.
23 Turney, C. et al., *Australia's First — A History of the University of Sydney Vol.1 ; 1850-1939 —.* The University of Sydney, 1991.
24 Barff, E. H., *A Short Historical Account of the University of Sydney.* Angus & Robertson, 1902.
25 Simpson, G. L., "Reverend Dr John Woolley and Higher Education" In Turney, C. (ed.), *Pioneers of Australian Education: A Study of the Development of Education in New South Wales in the Nineteenth Century.* Sydney University Press, 1969, pp.81-113.
26 Blainey, G., *A Centenary History of the University of Melbourne.* Melbourne University Press, 1957.
27 Scott, E., *A History of the University of Melbourne.* Melbourne University Press, 1936.
28 Macintyre, S. & Thomas, J. (eds.), *The Discovery of Australian History: 1890-1939.* Melbourne University Press, 1995.
29 杉本和弘『戦後オーストラリアの高等教育改革研究』東信堂、2003年。
30 liberal education は「一般教養」や「一般教育」とも訳されるが、本論文では先行研究において多く用いられている「教養教育」という訳語を使用する。

第1章　高等教育におけるチュートリアル

　本章では、イギリス高等教育におけるチュートリアルについて、その位置づけを明らかにし、歴史的変遷を辿る。第1節では、イギリス高等教育における教授形態と、その中でのチュートリアルの位置づけについて考察し、チュートリアルの形態的特徴を明らかにする。第2節では、チュートリアルが発生する地盤として欠かすことのできないカレッジ制について、フランスのパリ大学にさかのぼり考察する。そして、第2節から第3節にかけて、パリ大学のカレッジから、オックスブリッジのカレッジにおけるチュートリアルまでの歴史的変遷を考察することにより、チュートリアルの機能的特徴について明らかにする。

第1節　イギリス高等教育におけるチュートリアルの位置づけ

　本節では、イギリス高等教育における教授形態について、特にチュートリアルに焦点を当てて論じ、そこからチュートリアルの形態的特徴を明らかにする。

1　イギリス高等教育の歴史的変遷

　イギリスには、19世紀半ばまでオックスフォード・ケンブリッジ両大学[1]（以下、オックスブリッジとする）の2大学しか存在しなかった。それは14世紀〜19世紀初頭まで、オックスブリッジ以外の大学設立が王権によって禁じられていたからである[2]。また、オックスブリッジはイギリス国教徒にしか学位を認めなかったため、非国教徒は、ケンブリッ

ジ大学においては授業の受講は可能であったものの、学位が授与されることはなかった。さらにオックスフォード大学においては、非国教徒の入学登録さえも禁じられていた[3]。

オックスブリッジの主な特徴として挙げられるのはカレッジ制[4]である。学生とチューターはカレッジにおいて共同生活をし、学問研究と教育を行っていた。カレッジ制は現代においても両大学の基本的性格を形成している。このカレッジ制とともに、教員と学生の間に学問的・人格的に緊密な関係が築かれる大きな要素となったのがチュートリアルであるが、これについては第2項以降で詳しく考察する。

19世紀初頭まで続いたオックスブリッジによる高等教育の独占をつきくずしていったのが、ロンドン大学[5]である。1760年代イギリスで興った産業革命以降、中産階級が次第に実質的な支配階層になっていった。彼らは科学・技術を重視したため、オックスブリッジ以外に学位授与権を持つ、世俗的な機関を設立しようという強い動きが出てきた[6]。(詳しくは第2章第1節参照のこと)。そして1826年、ユニバーシティ・カレッジ・ロンドン（University College, London）が非国教徒にも門戸を開いた世俗的な機関として創設され、それに対抗するために1829年、国教会が後ろ盾となってキングス・カレッジ・ロンドン（King's College, London）が設立された。1836年、両カレッジがロンドン大学（University of London）として統合され、大学憲章が授与されたことで、ロンドン大学が誕生した。ロンドン大学は、オックスブリッジのようなカレッジ制を採らず、学生の大部分が下宿や自宅から通う通学制を採った[7]。

ロンドン大学設立の流れを受けて、近代的な科学・技術の発展に伴う、新しいタイプの知識人育成の必要性を背景に設立されたのが、一連の市民大学[8]（Civic Universities）である。市民大学の母体となったカレッジ[9]（University College）は、産業革命を経て繁栄した主要な産業都市に設立された。これらのカレッジは設立当初、学位授与権を持たなかったため、学生に学位を取得させるためには、ロンドン大学の学外学位[10]（external degrees）へ向けて、ロンドン大学のシラバスに従って授業を行い、ロンドン大学の学位試験に合格させるしかなかった。その後、市民大学には地方教育当局（Local Education Authority）から財源が与えられ[11]、第一次世界大戦前までに大学憲章が授与され、学位授与権を持つ大学となった。市民大学は、オックスブリッジにおけるカレッジ制やチュートリアルを教育の中心には据えず、スコットランドの大学に見られる教授（professor）による講義（lecture）を主要な教授形態とした。そして、近代的な学問に対応するために学部・学科制を採り、また通学制を採った[12]。

　なお、オックスブリッジではエリート層の子弟が学んだが、ロンドン大学と市民大学では、中産階級下層と労働者階級の子弟が多く学んだ[13]。

　1960年代に設立された一連の大学を新大学（New Universities）という。新大学は、①現代の科学・技術の進歩に遅れをとらない新しいカリキュラムと教育方法の実験を行うため、②1960年代〜1970年代にかけて予想される大学進学者の増加に対応するために設立された。キール大学[14]は、一連の新大学設立に先駆けて創設され、新大学のモデルとなった。キール大学は、従来イギリスの大学が採ってきた3年制ではなく、4年制を採用した。また、カレッジ制を採用し、講義に加えてチュートリアルによる教育を重視した。キール大学における試みは、市民大学に見られる教育編成の基本である学科制に対する挑戦であった。1年次を基礎学年（Foundation Year）とし、一般教養教育にあて、学生が自然科学・社会科学・人文系諸学の3分野を幅広く学習できるようにした。キール大学での試みや特性は、その後設立された7つの新大学[15]に引き継がれ、発展を遂げた。新大学の特徴は、①設立当初から学位授与権を有したこと[16]、②柔軟性のある広い領域におけるカリキュラムを編成し、1年次に一般教養を重視した基礎課程や予備課程（Preliminary Course）を置いたこと、③キール大学以外の新大学は、3年制を採ったこと、④学内における共同生活の教育的意義を高く評価し、約半数の新大学でカレッジ制が採られたこと[17]、である。新大学では従来の学部（faculty）とは異なり、

学問分野を緩やかに分類したスクール（school）あるいはボード（board）という概念が使われた[18]。また、学生には専門科目のコースと専門科目に関する諸科目のコースの両方を並列して履修することが必須とされた[19]。

2　イギリス高等教育の教授形態におけるチュートリアル

　イギリスの高等教育における主要な教授法は、講義、チュートリアル、セミナー（seminar）、演習（practical class）である。本項では主に1960年代の資料を扱うが、それは1960年代が、学生から少人数教育を求める声が最も大きく、国の関心も高まっていた時代だからである。その後は競争的資金等の導入とあいまって、同様な高まりを見せることはなかった。そうなった展開と背景については第2章で考察する。ここでは、イギリス高等教育における教授法を、チュートリアルを中心に概観する。

　講義は、多くの大学で高い割合を占める教授形態であるが、1年次において2、3年次よりも多くの講義が行われる。これは1年次にコースの導入的な内容の講義が多く行われるからである[20]。講義は1960年代には、イギリスの大学全体の約半数で、20人以下の学生を対象に行われている。一方で、オックスブリッジでは教員が講義に充てる時間が最も少なく、その結果、100人以上の学生に対して行われる講義が多く見られる[21]。高等教育委員会（Committee on Higher Education）によると、講義で扱った内容は、チュートリアルやセミナーなどの少人数教育の中で理解を深められることが望ましく、講義と、チュートリアルやセミナーは、より関連づけられる必要があるという[22]。講義への出席を義務づけるかどうかについての考えは、大学により異なっており、そこには各大学の、講義に対する考え方が反映されている。オックスブリッジでは講義への出席は学生に委ねられているが、市民大学では講義への出席が厳しく求められる[23]。

　チュートリアルとセミナーの間にはっきりとした線引きがされているわけではなく、両者は混同して使われることもあるが[24]、一般的には以

下のように緩やかに分けられ定義されている。

　セミナーとは、テーマ主体（subject-centred）の教授形態であり、5人以上の学生に対して行われる。教員は、テーマについての十分な説明と、ディスカッションが行われるように配慮する必要がある。大学補助金委員会（University Grants Committee, 以下 UGC とする）によると、セミナーにおいて効果的なディスカッションを行うには、6人が最少であると考える大学が多いが、12人以上が望ましいと考える大学はほとんどなく、10人が限界であるとした大学もいくつかあったという[25]。また、子安（1995）によると、オックスブリッジにおけるセミナーは、日本の大学で通常行われている「演習」とはまったく性格を異にするものであるという。これは、学期中の8週間にわたって、大学内外の研究者（外国の研究者も含む）をゲストに招いて、その人の専門分野のテーマで講演してもらう、というものであるという[26]。

　一方、チュートリアルとは、学生主体（student-centred）の教授形態であり、1～4人の学生に対して行われる。チュートリアルでは学生の能力が伸ばされることに重点が置かれ、その発展を促すのに最も適したテーマがチューターによって選ばれる。また一連のチュートリアルは、毎週同じチューターによって行われる。大学によって最適と考えられている教員対学生比が異なっており、オックスフォードのように1対1が適切だと考える大学もある一方で、効果的なチュートリアルを行うには最大で1対3～4であると考える大学も多い[27]。それに対して UGC は、以下のように、2人以上に対してチュートリアルを行うことに批判的であった[28]。「1対1で行われるチュートリアルの目的は、学生が準備してきたエッセイについて、チューターがコメントをすることや、そこで出てきた問題についてディスカッションを行うことである。よって、そこにもう1人新たに学生が加わると、コメントをもらえない学生が出てきたりする。学生にはそれぞれのペースがあり、理解が困難であると感じる部分も異なるため、2人以上の学生に対してチュートリア

ルを行うと、チュートリアルの要素が必然的に欠けてしまうのではないか」と、1対1で行うチュートリアルの効果を強調している[29]。それでも、オックスフォード大学を除いた多くの大学では、2人以上に対するチュートリアルを好む傾向にある。その理由としてこれらの大学は、1対1のチュートリアルでは、学生が未熟であったり内気であったりする場合、チュートリアルの利点が生かされないためだとしている。これに対してUGCは、内気な学生にとっては他の学生の前で話すことの方が、1対1で学ぶより、プレッシャーがかかってしまうのではないかと指摘している[30]。

オックスブリッジ（特にケンブリッジ）の学部生は他大学に比べ、大学院生からチュートリアルを受けることが多い。オックスブリッジでは大学院生が学部生に対して平均週0.6時間のチュートリアル（ケンブリッジではスーパービジョンと呼ばれる[31]）を行っているが、他大学では週0.1時間以下である[32]。

チュートリアルには、①個別の学生に対して定期的に個人指導を行う、②体系的な課題を定期的に課し評価する、という要素があり、これによって学生は、集中して自身の学びを整理していくことができる[33]。チュートリアルでは、全員か、あるいは、チュートリアルを受けているグループ内の1人に対して、課題としてエッセイが課されることが多いが、課題の頻度については、オックスブリッジでは少なくとも週1回の学生がほとんど全てであるのに対して、他大学ではその割合が約半数である[34]。

チュートリアルにおける課題の扱い方には、大学間で違いが見られる。高等教育委員会（1963）によると、①チュートリアルの時間に学生にチューターの前で課題を読み上げさせて、それについてのディスカッションを行うか、②チュートリアルの時間には課題を読み上げさせずに提出させ、返却する際に課題についてのディスカッションを行うか、③課題を提出させるが、それについてディスカッションをせずに学生に返却するか、に関しては考え方が分かれているようである（**表1-1**）。また、

オックスブリッジではチュートリアルにおいて、学生に課したエッセイを発表させるという伝統的なスタイルが採られているが、それ以外の大学ではこのスタイルはそれほど使われていないようであるという。実際、ロンドン大学や市民大学においては、課題を集めるものの、それについてのディスカッションはせずに返却する割合が、オックスブリッジよりも高い[35]。

表1-1　学生に課した課題に対するチューターの対応（1961年度）

	全ての学生に課題を課す割合（%）	課題を提出させる割合（%）（②+③）	提出させた課題をディスカッションせず返却する割合（%）（③）
オックスブリッジ	61	50	1
ロンドン大学	49	78	10
大規模市民大学[36]	40	79	10
小規模市民大学	52	84	8

出所）*Higher Education — Report.* 1963, p.79 より筆者作成。

　次に、全授業時間の中でチュートリアルがどのくらいの時間を占めていたのかを概観する。1961年度に高等教育委員会が行った調査によれば、教員1人あたりが1週間に行うチュートリアルの時間は、小規模市民大学[37]では合計2時間以下であり、その他の大学では1.3時間以下であるのに対し、オックスブリッジでは4.5時間に達していた[38]。さらに学生がチュートリアルを受ける時間については、ロンドン大学と市民大学では1週間に0.5時間以下であるのに対し、オックスブリッジでは1.5時間以上であり、オックスブリッジではチュートリアルが重視されていることがわかる（**表1-2**）。

表 1-2　学部生が 1 週間に受ける授業の平均時間（1961 年度）

	講義	大セミナー	小セミナー	チュートリアル	演習	その他	合計
オックス・ブリッジ	6.3	0.2	0.2	1.6	2.4	0.3	11.0
ロンドン大学	7.8	0.9	0.7	0.4	5.2	0.7	15.7
大規模市民大学	8.2	0.6	0.6	0.3	5.4	0.6	15.8
小規模市民大学	7.8	0.6	0.6	0.4	3.1	0.3	12.9

出所）*Higher Education — Report*, 1963, Appendix Two（B）p.253 より筆者作成。
注）表中の数字は原著のママ。

　一方、オックスブリッジの学生が 1 週間に受ける授業の合計時間（11 時間）は、他大学の学生の合計時間（平均 14.8 時間）に比べて少なかった（表 1-2）。つまり、オックスブリッジの学生は、ロンドン大学や市民大学の学生に比べて、チュートリアルを受ける量は多いが、その他の講義・セミナー・演習の量は少なかったのである。この理由としてオックスブリッジの学生は、①講義への出席が義務づけられていないこと[39]、②チュートリアルのためにエッセイを書いたり本を読んだりするのに多くの時間を充てなければいけないことが挙げられる[40]。

　ここまで、チュートリアルを形成する重要な要素として、①学生主体であること、②少人数制であることを指摘した。これらの要素は、チュートリアルの形態的な特徴であると言える。しかしながら、チュートリアルはこれらの形態的な特徴のみならず、機能的にも大きな特徴を有していると考えられる。そこで第 2 節以降では、チュートリアルやカレッジ制の原点となったパリ大学からオックスブリッジにかけての歴史的変遷を概観することで、チュートリアルの機能的な特徴について考察する。

第 2 節　高等教育の興りと教授形態

　オックスブリッジにおいて、チュートリアルが発生したのはカレッジという風土においてであるが、カレッジ制はそもそもオックスブリッジ

で初めてできたのではなく、その起源を辿れば中世のパリ大学に行き着く。そこで本節の第1項では、フランスのパリ大学にさかのぼり、そこでカレッジ制が芽生えた背景について明らかにする。第2項では、パリ大学からオックスブリッジへの教員と学生の移動について考察する。

1　大学の型とカレッジ制

　オックスブリッジにおけるチュートリアルというのは、カレッジ制抜きにして語ることはできない。なぜなら、カレッジにおいて教員と学生が生活や学業を共にする中で、非公式な形でできていったのがチュートリアルだからである。カレッジ制はオックスブリッジの特徴であるため、オックスブリッジが発祥の地であると言われることもあるが、その起源を辿れば中世のパリ大学のカレッジに行き着く。また、中世の大学について見るためには、ボローニャ大学とパリ大学という大学（Universitas）の2つの原型について確認しておく必要がある。そこで本項では、大学の2つの原型とカレッジ制について、ラシュドールの『大学の起源―ヨーロッパ中世大学史―』を中心にまとめる。

　そもそも大学とは、中世のヨーロッパで新しく生まれた、学問と教育の組織体であり、後に多くの移り変わりを経ながらも、どこかにその起源に見られた特質の一部を伝承しながら世界に広がっていった[41]。13世紀初頭には、それらのうちで最も古い、神学と教養諸科のパリ大学、法学のボローニャ大学、医学のサレルノ大学が名声を享受していた。中でもパリ大学とボローニャ大学は、2つの原型的な、それだけが「オリジナル」と言える大学であった。パリは「教師の大学」、すなわち教師組合が最初にあってそこへ学生が集まってくるという型、一方のボローニャは「学生の大学」、すなわち学生ギルドが最初にあってそこへ教師を呼んでくるという型の模範となった。2つの偉大な母胎大学は、ほとんど同時期に、12世紀の最後の30年間に現れたという。そしてヨーロッパの多くの大学は、パリ大学とボローニャ大学の両者から影響を受けた。

オックスブリッジは概して教師型に属し、本来パリ大学を範としたものであったにも関わらず、ボローニャ大学群とパリ大学群のいずれとも異なって、別個の自生的な大学群をなすほどに、最初から著しい組織上の特色を示していたという[42]。それらの特徴については次項で述べる。

　次に、中世のパリ大学において採られていたカレッジ制について考察する。ラシュドールによると、「学識のある歴史家であっても、カレッジを、イギリスの大学に固有の制度だ」といったりするが、カレッジは、「オックスブリッジの属する種類・系列の大学群に固有なものでは決してなかった」という。カレッジ制の本当の発祥地はパリであり、パリから他の大学に及び、そこに不動の拠点を得たという[43]。

　パリにおけるカレッジ（フランス語ではコレージュ）の起源は、寄贈された合宿所（ホスピキウム[44]）や学生宿舎（ホール）であった。最初のカレッジ創設者の意図は、貧困学生に無料の食事と宿を提供するというだけのものであり[45]、当初カレッジは単に貧困学生が寄宿するための学寮であった[46]。カレッジ設立の最初の目的は、次項で述べるイギリスとフランス両国の場合とも、貧困学生を助成し、教会へ教養のある在俗僧を輩出することにあった。カレッジ制は、そのカレッジの存在した大学の教育と道徳に、極めて重要かつ健全な影響を及ぼしたが、もともとカレッジは、寄贈された合宿所以上の何物でもなかったのである[47]。

　パリ大学では最初から、1つのカレッジの教養部の学生全体に対して、1人の教師（マスター）しかあてがわれなかった。1人の教師が、そのカレッジの学生全員を、あらゆる課目にわたってまで教授できなかったことは明らかである。同一のカレッジに2つ以上の学部の学生が収容されている場合は、最高学部の教師（マスター）がカレッジ全体をまとめた。しかし、学部もそれぞれに固有の教師を持っており、そうした教師が、勉強と討論を指導する実際の教師であった。そしてその個人的な指導によって、大学の一般の授業を補っていた[48]。

　パリ大学において講義とは、カレッジから外へ出て通うものだと認

識されていたことは、初期の諸カレッジの規約から明らかであるという。したがって、カレッジ内での教育は、一般の授業に対する補充に過ぎなかった。ところが古典学習の復活により、カレッジや合宿所での授業、中でも教義問答や「復習」の重要性が高まった。その高まりにつれて、カレッジ外での授業は形式的なものとなっていき、より個人を中心とした新しい教育方法が、カレッジの教育が大学の講義に取って代わっていった理由の一端となった[49]。

パリ大学において、大きなカレッジ、中でも特に多くの自費生を惹きつけるのに成功したカレッジの場合には、寮長ないし教養部生の教師（マスター）を助けるために、寮生を対象に講義を行う現職教師（レゲンス[50]）が別に雇用された。そして、これらの現職教師が、オックスフォード大学でチューターが、学生の勉強のほとんど全てに責任を持ったのと、あまり変わらないような方法で教えた[51]。

パリ大学における現職教師は、カレッジでの地位を得て、講義を行う立場から退くと、規定上は大学の現職教師としての権限を喪失することになっていたが、実際にはカレッジでしか教えていない現職教師が多く存在していた。そしてこのことが、カレッジ制の発展を助けたことは明らかであったという。しかし、1486年に現職教師の法制上の地位の問題から、パリ大学のカレッジは、大学の監督下に置かれることとなった。それにより、パリ大学のカレッジ制は、オックスフォード大学のカレッジ制と一層異なるものとなり、大学による監督は時に、カレッジにおける授業の視察にまで及んだ[52]。

パリ大学においてカレッジ制は、学生や、少なくともその親や保護者の立場から見て、多くの利点を持っていたが、それは一方で教師の立場からも歓迎された。なぜなら、富裕な学生のカレッジ在住が始まるにつれ、彼らが有能な教師に、より多くの安定した収入をもたらしたからである[53]。

2　パリからオックスフォードへの移動

1167年前後にヘンリ2世は、以後いかなる学僧も、イギリス国王等の許可なしには、大陸からイギリス、あるいはイギリスから大陸へ渡ってはいけないという規定を出した。当時イギリス人は、パリ大学で学んでいた外国人学生の最大勢力であったが、ヘンリ2世は、イギリスにおいて「所得」を持つ学僧はすべて、「彼らがその所得に愛着を持つかぎり」、3か月以内に帰国するようにも命じたという。すなわち、オックスフォード大学は、勅令に促されたパリ大学からの学徒の退去、あるいは、そのヨーロッパ文教の大中心への自由な出入の阻害に基づいて、1167年前後に教師学生群がオックスフォードへ定着したことで、実質的に発足したという[54]。

大学都市に必須の条件の1つは交通の便宜であるが、交通の主要分岐点であったオックスフォードは[55]、イギリス各地から教師と学生が集まるのに都合が良かった。すなわち、ラシュドールによると、オックスフォードはその大学都市としての地位を、地理的利点という偶然に負ったのであるという[56]。さらに、オックスフォードは国内でも大きな町の1つであったため、多数の人が訪れてもその食事や宿舎をまかなうことができた。また、国王の直轄地であったことも有利に働いた[57]。

ところが1209年、オックスフォードで、ある学生が1人の婦人を殺し逃亡した[58]。この事件により、市長と市民群が犯人の宿舎を襲うことになったが[59]、犯人が見つからないので、犯人の友人である3人の学生が捕らえられ絞首刑にされた。これに憤慨した学生と教師は、報復として、大挙してオックスフォードから退散した[60]。オックスフォード大学の教室の大半が閉鎖され、大学は実質上その存在を停止した。ケンブリッジ大学は、この1209年のオックスフォードの「学僧の停学」によって成立したという。1214年に教師と学生は、オックスフォードへ自由に帰還してその授業を再開することになったが、離散後にオックスフォードで授業を続けた教師には3年間の授業停止が命じられたという[61]。

初期の形態におけるオックスフォード大学は、パリ大学の教師組合の模倣とみなされる。というよりも、おそらくはその無意識の再現と言うべきものであったという。オックスフォード大学でも、パリ大学と同様に、教師たちは謝金に依存していた。全学的な授業に対する十分な基金の欠如と、現職教師の若さや未経験さが、やがて大学団としての授業の崩壊を招いた点でも、両者は共通していた[62]。

　一方で、オックスフォード大学のカレッジは、以下の3点においてパリ大学のカレッジと異なっている。

　第一に、オックスフォード大学では、個別的な学部の組織がほとんどまったく欠けていたのに対し、パリ大学では学部間の完全な区別が目立ったことである。イギリスの大学で、あらゆる学部が実質的に消滅したのは、1つには、学部を組織する全学（University）の教師に対する基金が欠如した反面、カレッジにはそうした基金が存在したためであった。すなわち、全学が大学として与えることができなかった授業が、カレッジに集中したからであった[63]。

　第二に、カレッジの寮長の地位がまったく異なっていたことである。オックスフォード大学のカレッジの寮長にとっての第一任務は、財産を管理しカレッジを統括することであり、初期のカレッジ規定には、学徒の教育に関する規定は何もなかった。一方、パリ大学の教養部生のカレッジに居住した寮長にとっての第一任務は、個人的な指導によって学校での教育を補うことであった[64]。オックスフォード大学では、年少の寮給費生や、寮外生（彼らが、カレッジ内で教授された場合）の教育は、修士号を持った多くのフェロー（fellow）に委ねられており、彼らがいつも、教養部の学生と密接な結びつきを持っていて、その関係性が、今日まで続くチュートリアルに徐々に移行していった[65]。

　第三に、最近までオックスフォード大学ではカレッジ別制が強かったが、パリ大学では（教養部に関する限り）、カレッジ間講義制であったことである。それは、第1項で述べたように、パリ大学の大きなカレッ

ジでは現職教師が活躍したが、小さなカレッジでは、その学生たちをより大きくて整ったカレッジへ送り、勉強させる傾向が強かったため、寮生に対して全教科を教えるカレッジ数が減少したからである。オックスフォード大学では、19世紀の大学改革の際、1882年に、大学委員会がカレッジ教育の利点と、講義・全学（University）中心制度の利点とを結びつける実際的な最良の方法として、カレッジ間講義制を再現させた[66]。

戦争や大革命によって、フランスのカレッジ制は他の中世的制度とともに全体的に崩壊し、別の形で、二度と現代に現れることはなかった。一方、イギリスでは、島国という位置や、内乱があっても比較的穏やかだったことにより、カレッジが財政難のために消滅した例は1つもなかったという[67]。

第3節　オックスブリッジにおけるチュートリアルの歴史的変遷

本節では、チュートリアルの歴史的変遷について考察する。チュートリアルの起源は、オックスフォード大学においてカレッジが創設された13世紀のイギリスにさかのぼる。第2節で見たように、パリ大学においては、教養学部生のカレッジに居住していた寮長は、個人的な指導によって、学校での教育を補うことを第一任務とする教師であった。

一方、オックスフォード大学のニュー・カレッジ（New College）の創設者であるウィカム（Wykeham）[68]は、自身は学生への授業（tuition）を担当しなかった。なぜなら、オックスフォード大学のカレッジの寮長にとっての第一任務は、財産を管理しカレッジを統括することであり、初期のカレッジ規定には、学徒の教育に関する規定は何もなかったからである。ウィカムは学生の教育を補うために、より年長のフェローに授業を分担させ、その代わりに、学生からの謝礼に加え、カレッジからも給与を与えた[69]。このように、チュートリアルは、オックスフォード大学ニュー・カレッジの創設者のアイデアに端を発している。その後オックスブリッジには、カレッジのフェローが、チューターとして学生の学問

的・道徳的指導を行う伝統が、非公式な形でできていった。しかし、チューターと学生が1対1での学問的な個別指導の中で、学生が書いてきたエッセイについてディスカッションし、チューターからの質問に答えることにより、学生が深く考え、論理性を鍛えることが試みられる、今日知られているチュートリアルの形態は、オックスブリッジにおいて19世紀半ば以降に確立されたものである[70]。その背景には、優等学位試験の導入と、それによるプライベート・チューターの興隆があった。

1 カレッジの創設とチュートリアル

オックスブリッジの特徴としてまず重要なものはカレッジ制である。オックスフォード大学は12世紀に、ケンブリッジ大学は13世紀初めに[71]、主にイギリス国教会（the Church of England、以下、国教会とする）の聖職者養成機関として誕生し[72]、19世紀半ばまで、イギリス国教会牧師の子弟や、裕福な家庭の子弟を主に対象とした教育を行っていた[73]。オックスブリッジには大学全体としての全学（University）という組織があり、これは各カレッジ創設以前から存在していた。しかしカレッジの創設以後、学生の生活や教育は、カレッジを中心に展開されるようになり[74]、カレッジ制が両大学の基本的な性格となっていった。オックスフォード大学においては、1249～80年に創設されたユニバーシティ・カレッジに続き、ベリオル・カレッジ（1261～6年）、マートン・カレッジ（1263～4年）、エクセター・カレッジ（1314～6年）、オリエル・カレッジ（1324年）、クイーンズ・カレッジ（1341年）、ニュー・カレッジ（1379年）等が創設された[75]。

学生の大学入学年齢は、現在のイギリスでは18歳であるが、中世においては13歳～16歳であったし[76]、17世紀頃には13歳～14歳と現在に比べて若かった。そのため、チューターによる金銭管理・助言が必要であり、その金銭面の指導は学生の保護者からも求められた。このようにオックスブリッジには伝統的に、カレッジのフェローがチュー

として学生の学問的指導と道徳的指導(生活面での指導)を行う習慣があったが、このチュートリアルは非公式なものであった。さらに、カレッジ自体がチュートリアルに対して責任を持っているわけでもなかった[77]。

2 　優等学位の導入とチューターの学問的指導への傾倒

オックスブリッジには、古くから学位試験が存在しており、18世紀においても、学位取得のためには試験が課されたが、形式だけのものとなっていた。その背景としてカートイス(Curthoys, M.)は、18世紀には「社交的で寛容な精神を持った」者を育てることが重視されており、学問の習得はそれほど重要とされていなかったことを挙げている[78]。

18世紀半ば〜19世紀初頭にかけて、オックスブリッジの学位試験を公正で厳格なものにし、学生の学習意欲を高めるために、新たに優等学位(honours degree)が導入され、優等学位試験が設けられた。普通学位(pass degree)しか取得できなかった従来の試験に対して、新たな学位の取得を目指すことが可能となったのである。優等学位が導入されたのは、ケンブリッジでは1747年〜1750年頃であり、数学トライポス(Tripos)と呼ばれる優等学位試験が導入された[79]。1752年以降、ケンブリッジにおいて優等学位試験の成績上位者名を記したオナーズ・リスト(honours list)[80]が公表されるようになった[81]。一方、オックスフォードでは、1800年に古典学の優等学位試験が導入された[82]。オックスフォードでもオナーズ・リストは公表されたが、1800年の時点では名前がリストに掲載されるのは12人に限定されていたため、挑戦する学生も少なかった。その後、1807年からは優等学位を授与される学生の名前が掲載され、その人数に制限を設けないことになったため[83]、学生のモチベーションが高まり、挑戦する学生数が増加した。当初の試験では、口頭で学生に質問をし、それに答えさせるというスタイルが採られたが、詳しくは本節第4項で述べる。

当時、チューターは存在したものの、チュートリアル制度とはっきり

呼ぶことのできるものはなかった。チューターによる指導は個人的に行われており、カレッジが公式な形でチュートリアルに対して責任を持っているわけでもなかった[84]。18世紀半ば〜19世紀初頭にかけて、優等学位が導入されたことで、両大学内ではカレッジ間の競争が激化し、教授（professor）による講義を、チュートリアルによって補強する必要が出てきた[85]。そして19世紀前半には、チューターの役割が学問的指導に傾いたため、道徳的指導という側面はおろそかになった。そのため、カレッジで教育を行う価値を疑問視する声が大きくなった。例えば、ロンドン大学設立促進者は、若い青年を家庭的な環境から、チューターの管理が行き届いていない当時のカレッジという環境に移すことに利点を見出さなかった[86]。そして後に、ロンドン大学はスコットランドの大学をモデルにして創設されることとなるが、ロンドン大学の創設については第2章で詳しく述べる。

1836年以降、ケンブリッジでは筆記試験が導入された[87]。その理由は、数百人の受験者1人1人に対して口頭での試験を行うと、何週間もかかってしまうからであった。筆記試験の導入により、数百人の受験生に対して、同時に同じ問題を課すことができるようになった[88]。優等学位取得を目指した学生数は、例えば1840年、ケンブリッジにおいては150人であった。これに対して普通学位取得を目指したのは200人であった[89]。筆記試験の導入により、試験で問われる内容も、高度で専門的なものになった[90]。

優等学位試験には、①知識の詰め込みである、②独創的な研究や思考を犠牲にする、③学生に過度のプレッシャーがかかるなどの批判もあった。しかし、優等学位試験の導入によって従来の試験制度が活性化され、カレッジ間でも競争が生じるようになり、オックスブリッジが多大な知的発展を見たことは確かであった[91]。

3 教養教育論争と科学科目の導入

　オックスフォード大学では、16世紀以降、ギリシャ・ラテンの古典学中心の教養教育を通じて、学生の社会的・道徳的資質を涵養し、学生を国教会の聖職者として育成することが目指された[92]。道徳的資質の涵養とは、サンダーソンによると、精神の寛大さなどを高める、いわゆるジェントルマン教育理念のことであるという[93]。この教育理念は、16世紀にオックスフォード大学がルネサンス新学芸（liberal arts）を受容して以来受け継がれていった。その後19世紀初頭には、教養教育は、特定の職業に就くために学ぶものではなく、学生の道徳的・知的資質の涵養を目指すためのものであり、ジェントルマン資質の涵養にもつながるとされた[94]。

　カートイスによれば、18世紀半ば〜19世紀初頭にかけて優等学位が導入された理由は、学生に、宗教に関する基礎知識と、その存在を脅かすものから教会の組織を守るのに必要な精神力を習得させるためであったという[95]。優等学位試験の導入は、精神的資質の涵養を妨げるものであるという批判もあった。それに対してコプルストン（Copleston, E.）は、1810年に発表した論説において、オックスフォードにおける教養教育の理念を、学生の精神的資質を涵養するものであると捉え、特定の職業に限らず、あらゆる職業に就くのにふさわしいものであるとした[96]。19世紀初頭、精神の涵養が最も重要で即急な要請とされ、教養教育を、精神を鍛えるものとして捉えるコプルストンの考え方が優勢となった。そしてオックスフォードでは古典学こそがこの目的に最も効果的であると考えられた[97]。

　一方、1810年代、イングランドの高等教育を敵視するスコットランドの大学人達は、オックスフォード大学批判を始めた。彼らは、オックスフォード大学の古典学教育が役に立たないものになっており、一方で科学や経済学をほとんど考慮していないことを批判した[98]。1831年、ハミルトン（Hamilton, W.）は『エディンバラ・レビュー』（*Edinburgh*

Review）において、オックスブリッジの組織体質からくる不公正、つまり全学（University）が機能停止状態に陥り、カレッジが教育機能を独占していることを批判した[99]。またハミルトンは、オックスブリッジの学問的水準の低下についても指摘した。オックスフォード大学に対しては、教授内容が古典に限定されるようになったことを、古典以外の教科を教えることができない、聖職者であるチューターに、教育活動が委ねられるようになったからであると批判した[100]。ケンブリッジ大学に対しては、数学の基礎は哲学にあるため、哲学から切り離された数学は、精神的・道徳的な性格を欠いた機械的な学問に過ぎないと批判した[101]。

　1830年代〜1840年代にかけては、オックスフォード大学の内部から、オックスフォード運動[102]（Oxford Movement）が起こった。これは、優等学位試験を中心とした教育システムによって、学生の知的発達は促されるかもしれないが、その一方で、精神的発達が考慮されないのではないか、という懸念に基づいたものであった。この運動では、カレッジのチューターが、学生に対する道徳的・精神的指導への関心を欠いている点が指摘され、その結果、学問的指導に偏っていたチューターの、道徳的・精神的指導という役割が見直されるようになった[103]。

　学生の精神的資質の涵養に適している学問については、大学によって伝統的に捉え方が異なっていたが、オックスフォード大学のコプルストンは、古典学こそが精神的資質の涵養に理想的な学問であると主張した。ケンブリッジ大学においては、数学について同じような主張がなされ[104]、主要なものとして純粋数学が、副次的なものとして古典学が重視された[105]。

　コプルストンは、研究を大学における活動とは考えていなかったし[106]、ジョウエット（Jowett, B.）など当時の大多数の教員にとって大学は、教育と教授（teaching）の場であり、その活動の中心はカレッジとチュートリアルであった[107]。コプルストンなど、大学で研究を行うことに懐疑的であった人々は、オックスブリッジへの科学科目の導入は、カレッジ

の権限と自治に脅威を与えるものであると考えていた。なぜなら、科学科目の導入は、カレッジのチューターではなく、全学で講義を行う教員に大きな権限を与えることを前提としていたからである。研究が教育と並ぶ主要な機能として大学に受け入れられることになれば、学生にも、疑問を投げかけて探究することが期待されることになる。また、今まで真理であったことに対して、新たに疑問が投げかけられることを、学生が目の当たりにすることで、旧来の学問が持っていた伝統的な権威は侵害されるであろうと、コプルストン達は捉えていた[108]。

一方で、パッティソン（Pattison, M.）は大学を独創的な研究の場であると考え、科学科目の受容を積極的に奨励した。パッティソンは、教員が学生に対して伝統的な学問を伝達するだけでなく、新たな知識の創造や独創的思考に貢献していたドイツの大学から強い影響を受けていた。パッティソンは、オックスフォード大学が、ドイツの大学に比肩することを目指したのである[109]。

そして、1850年前後に科学科目はオックスブリッジに導入された。それに伴いチュートリアルのスタイルも、暗記的要素の強いカテキズム的なものからソクラテス的なものへと変容していった。また、教養教育についての捉え方は、19世紀の教養教育論争を経て、学問の習得を通した知的資質の涵養を目指すものへと変容していった[110]。

4 カテキズム的少人数教育からソクラテス的チュートリアルへ
—— プライベート・チューターからの影響

学位試験は、優等学位が導入される前から口頭で行われていたため、優等学位導入後もその慣行に従った[111]。また、優等学位導入当初の優等学位試験では、学生に質問をし、それに答えさせるというスタイルが採られた。口頭での優等学位試験と、19世紀初頭の教授形態には深いつながりがある。19世紀初頭には、チューターの部屋でカテキズム的（catechetical）少人数教育が行われていたが、そこではチューターが学生

に、テキストの内容を覚えているか確認するための質問がなされた。ここで注目すべきことは、学生はチューターからの質問に答えることはできたが、学生からチューターには質問をしたり説明を求めたりできなかった点である。「カテキズム」(catechism) という言葉は、宗教的な起源を持っており、教会の権威ある教義と関係がある。このカテキズム的少人数教育は、テキストの正確な知識を教え込むのに適しており、チューターと学生の間では、定められたテキストに基づいた教授がなされていた。つまり、カートイスによると、テキストの内容に基づいたカテキズム的少人数教育には、教授と学習の自由を抑制する意図があったのである[112]。よって優等学位導入当初、優等学位試験に向けてチューターが目指したことは、学生に一定量の知識を習得させ、できるだけよい成績で優等学位試験に合格させることであり、ディスカッションを通して学生の理解を深めることではなかったのである[113]。

しかし、1850年前後にオックスブリッジへ科学科目が導入されたことで、カテキズム的少人数教育では優等学位試験に対応できなくなってきた。ケンブリッジ大学には1848年、道徳科学と自然科学の優等学位試験が創設され、オックスフォード大学には1850年、自然科学、数学、物理学などの優等学位試験が創設された[114]。こうしてオックスブリッジは自然科学および社会科学の分野に、新たな学問の基礎を置くようになった[115]。サンダーソンによると、科学科目の導入は、大学が研究を、教育と並ぶ主要な機能として受け入れることを意味するが、それはつまり、今まで真理であったことに対して疑問を投げかけ、探究するということである。科学科目の導入により、新たな知識の創造や独創的思考が学生や教員に求められるようになったという[116]。

優等学位試験の導入により、学生側からは高水準の教育が求められるようになったが、19世紀初頭には、チューターが能力の多様な学生に対して、カテキズム的少人数教育を行っていたので、高度な専門性が求められる優等学位試験に十分に対応できていなかった。また、1870年

代〜1880年代のカレッジ規約の改正まで、チューターは独身でなければならなかった[117]。チューターは結婚するとカレッジを去ってしまうため、有能なチューターを常に確保しておくのは困難であった。よってチューターとして学生の教育に携わるのは、学位を取得して間もない教員や年輩の教員であることが多かった[118]。教師層が偏っているというこの体質は、優等学位が導入され、これらの教師陣では対応できないような新しい試験科目が導入されたことにより、一層問題化した[119]。

そのため1830年前後から、大学外で、学生に対して専門的な教育を個人指導の形態で行うプライベート・チューターが現れ始め、繁栄することとなった[120]。プライベート・チューターは1対1の関係で、学問的な教師であることに専念し、学生を指導した[121]。このように、優等学位の導入によって、主要な教育が正規の教育外で行われるという特異な事態が生み出されたのである。このプライベート・チューターによる個人指導において、チューターと学生の1対1の、学問を通した人格的な接触が可能となった[122]。そして、1850年代〜1860年代、プライベート・チューターによる1対1の個人指導の形態が、オックスブリッジのチューターによって、正規の教育の中へ取り込まれた[123]。

1870年以降、カテキズム的少人数教育は、チューターの質問に答えることにより、学生が深く考えさせられ、論理性を鍛えることが試みられるというソクラテス的チュートリアルへと変容していく[124]。オックスフォード大学ベリオル・カレッジの学寮長であったジョウエット[125]は、ソクラテス的問答法（Socratic Method）に基づいたチュートリアルの確立を先導したと考えられている。マーカム（Markham, F.）によれば、ジョウエットの学生は彼について、「まるでソクラテスのような素晴らしい技術で、私たちが自主的に考え自主的に学ぶ（learn and think for ourselves）のをサポートしてくれた」と述べたという。ジョウエットが1882年にオックスフォード大学の副学長になると、彼のソクラテス的問答法に基づいたチュートリアルという教授形態は「大学全体の型（pattern for the whole university)」として確立された[126]。マーカムによると、19世紀末におけるオックスフォード大学の特徴を形成するのに、ジョウエットが最大の影響を及ぼした人物であることは否めないという[127]。そして19世紀後半には、学生を個別に、ソクラテス的問答法を用いながら指導するという形態がオックスブリッジの特徴となり、両大学の教育の根幹となっていった。

　19世紀末までには、学生が週に1回、1時間、チューターによる指導を受けるというチュートリアルのスタイルが一般的となった。学生は前回のチュートリアルを受けて準備してきたエッセイをチューターの前で読み[128]、それに対してチューターが批判や質問をする。その後、エッセイの問題点についてディスカッションが行われ、読むべき文献についてのアドバイスが与えられる。1対1の個人指導により、学生は自身の理解が不十分なところをチューターとディスカッションすることができるようになり、チューターも学生の理解度をより正確に把握できるようになった[129]。学生の理解の促進には効果的でなかったカテキズム的少人数教育は衰退し、教授内容も、決まったテキストからテーマ性のあるものへと移行した。チューターと学生間では自由なディスカッションが行われるが、チューターからの質問は、あらかじめ答えが決まったものではない。チューターは学生を、1つの答えに導くのではなく、学生がエッセイにおいて出した結論の可能性をディスカッションし、より深く考えさせ、場合によっては修正させることを試みる[130]、ソクラテス的問答法によって指導を行う[131]。

　フォックス（Fox, L. R.）[132]によると、ソクラテス的問答法には2種類のスタイルがあるという。1つは、一般に知られているスタイルで、フォックスはソクラテス的問答法1（Socratic Method Phase 1）としている。これは、ソクラテスが基本に戻り、弟子の混乱や矛盾が明るみに出て、弟子が有効だと思っていた定義がそうではないと分かるまで、質疑応答によって遠回しに導いたというものである。質問をされることで学生は、

袋小路に追いやられ、そもそも出発点から間違っていたことに気づくという、このPhase 1のソクラテス的問答法は、チューターが目標としているものであるという[133]。

しかし実は、プラトンは晩年にPhase 1とは異なる、ソクラテス的問答法2（Socratic Method Phase 2）を発表していたのである。この問答法も、弟子とのディスカッションから始まるのであるが、少しずつ質問をしていくのではなく、読んでいる頁についてだらだらと話すだけであった。時々止まって学生に同意を求めるが、学生が言うことができたのは、「もちろんです、ソクラテス（How not, O Socrates?）」という言葉だけだった。フォックスによると、このPhase2もソクラテス的問答法であり、1960～70年代においても使われていたという[134]。そしてPhase 2のソクラテス的問答法にも、以下のようなメリットがある。それは、新しい科目を学び始めるとき、知識に関する情報をもらえることが、学生にとって役立つからであるという[135]。すなわち、このスタイルのチュートリアルでは、チューターから学生に知識の伝達が行われているといえる。現代のオックスブリッジのチュートリアルにおいては、歴史学のチューターの多くが、Phase 1にPhase 2の有効な部分を混ぜて使用しているという[136]。

学生が用意してきたエッセイをもとに授業が進められるという点で、新しく取り入れられた1対1のチュートリアルでは、学生がチューターから単に情報を受け取るだけではなく、学生自身が努力することに重点が置かれるようになった[137]。成田（1969）によると、チュートリアルにむけて毎週エッセイを書いてくることや、そのための文献・資料を読みこなすこと、そして思索することは、学生にとって非常に大きな知的負担であるが、そこには画一的な詰め込み主義とは根本的に異なるものが存在するという[138]。さらにオックスブリッジのチュートリアルには、学年末の試験の準備のためだけではなく、学生が専攻科目のある特定の分野に興味を持てば、試験に出なくても、それを探究する時間を与える

という側面もある[139]。

　現代のチュートリアルにおいて、チューターの主な機能は教えるという側面であるが、チューターには学生の学問的指導以外に、道徳的指導を行う「道徳的チューター」(moral tutor) としての副次的な役割もある。ベイリー（Bailey, C.）によると、「道徳的チューター」が別に設定されているカレッジもあるが、多くのカレッジにおいては、チューターが学問的指導と「道徳的」指導の役割を兼ね備えている。チューターは学生の知的な発展を促すことに加え、個人的な問題についても助言・指導を行う。そのため学生とチューターの親しい関係は今日でも存在しており、生涯続く友情に発展することもあるという[140]。またカレッジによっては、チューターが自身の役割を、狭い教育的なものにとどまらず、学生に文化的活動や政治的活動、スポーツを勧めたり、学生が学んでいる分野の著名な学者や卒業生を紹介したりすることが重要だと考えているチューターもいる[141]。

　なお、ケンブリッジ大学においてはオックスフォードのチューターの機能が、ディレクターとスーパーバイザーの2つに分化している。ディレクターは学生の研究計画や受講する講義について助言を行ったり、スーパーバイザーによって行われるスーパービジョンを学生のために設定したりする。なお、スーパービジョンはオックスフォードのチュートリアルに相当するものである[142]。

5　4パターンのチュートリアルの捉え方

　アシュウィン[143]（Ashwin, P. 2005）[144]によると、チュートリアルを受ける学生の側から見てみると、オックスフォード大学においてもチュートリアルに対する理解が、学生によって異なっているという。アシュウィンはその中で、「チュートリアルについて質的に異なる4つの理解」という分析枠組みを使って説明している（**表1-3**）。

表1-3 4パターンのチュートリアルの捉え方

	パターン1	パターン2
チュートリアルとは	学生が理解していないことを、チューターが説明すること	チューターがその科目をどのように理解しているかを、学生に示すこと
チュートリアルの目的	学生の学びの状況を確認し、効率的に<u>知識を伝達する</u>こと	学生が、あるトピックについて、<u>チューターと同じような理解ができ</u>ること
チュートリアルに向けての準備（予習課題）	チューターが学生の知識を評価するために使うエッセイを、学生が用意してくること	学生がチューターに、チュートリアルのために学んできた題材について、どれだけ理解してきたかを示すこと
学生の役割	チューターからの質問に答えるために、予習で得た知識を使う。チューターからの知識を吸収する。	予習で得た考えと比較しながら、チューターの考えについてディスカッションする。
チューターの役割	学生の学びの状況を確認する。学生にそのトピックに関する新しい知識を提供する。	学生に質問をすることで、そのトピックに対する、学生のもともとの理解を超えさせる。
学生の知識観	知識とは、<u>蓄積するもので、議論される余地のないもの</u>。→古い知識に、新しい知識を問題なく加えることができる。また、ある事実が与えられたときそれを解釈する「正しい」方法がある。	知識とは議論される余地のないものだが、<u>蓄積されていくものではない</u>。あるトピックについての理解は、事実の蓄積を超えたものに基づいている。

パターン3	パターン4
学生が、その学問分野のより広い文脈で、新しい見方ができるように、チューターが物事を関連づけること	チューターと学生が、あるトピックについての異なる見方を交換し、両者が新しい理解に達すること
学生が、あるトピックについての新しい見方を得るために、考えを深めること（この見方は、チューターにとっても新しいものであり得る。）	学生とチューターが、あるトピックに関する考えを発展させること
学生が、あるトピックについてディスカッションを展開させてくること。それを中心にチュートリアルが行われる。	学生が、あるトピックについての最初のディスカッションを展開させてくること。それを中心にチュートリアルが行われる。（パターン3と同様）
チューターが、学生の予習課題をもとに発展させたことについて、ディスカッションする。	学生の予習課題をもとに、そのトピックについての考えをディスカッションする。
学生の予習課題をもとに、それを発展させる。	チューターには、ディスカッションをまとめる責任がある。この段階では、学生とチューターの関係は、より対等なものと捉えられている。
知識とは、異議が唱えられ、議論されるもの。ある事柄について考える上で、1つの正しい方法があるわけではない。	知識とは、異議が唱えられ、議論されるもの。（パターン3と同様）

出所）Ashwin, P., "Variation in students' experiences of the 'Oxford Tutorial' ", 2005, pp.635-639. より筆者作成（下線部は筆者による）。

例えば**表1-3**のパターン1では、チュートリアルの目的が、学生に効率的に知識を伝達することとなっているので、フォックスのいうSocratic Method Phase 2に該当するといえる。また、これだけ学生のチュートリアルの捉え方が多様なのは、チューターがSocratic Method Phase 1 と Phase 2 を使い分けていることに起因していると考えられる。

アシュウィンは、これら4つのパターンは入れ子状のヒエラルキーを形成しているという。というのも、学生へのインタビュー調査で、ある学生が以下のように述べているからである。

「今までで1番恐いチューターは、とてもいい先生なのだけど、チュートリアルでは…。チュートリアルが終わると、チュートリアルが始まる前に頭の中にあった考えが強烈に整理し直されて、最後には理解に至っていた。そのチューターは、私が間違っているなんて思いもしなかったことを取り上げて、それについて私が間違っていたと気づくまで、質問され続けたものだった。それはまさにチューターがすべきことだ…そうしないと、チューターから何も学ぶことはできないのだから。…もしチューターが学生に質問をせずに、学生が、自分が理解していないことが何なのかわからなければ、学生は新しいことを何も学べない。新しい事実については知れるかもしれないが、新しい理解は何も得ることができないだろう。質問されることによって学生は、自分が何を理解していて何を理解していなかったのかがわかる。そして、学生は、チューターの考えをただ聞くのではなくて、自分自身で理解することを強いられる。…もしチューターが学生に、事実についての質問をしたら、おそらくチューターはその答えを知っているだろう。でもチューターが学生に、「君はそれについてどう考えるか？」と聞いたときには、チューターはその答えをたいてい知らないだろう…[145]」

ここから分かるように、学生の引用の前半では、チューターの役割とは、学生に質問をし、学生のもともとの理解を超えさせることに焦点を当てて述べられている（パターン2のチュートリアルの捉え方）。しかし、引用の後半では、トピックについての、チューターの理解とは異なっているかもしれない学生の理解を、学生自身が発展させることに焦点が移さ

れているからである（パターン3のチュートリアルの捉え方）。

　本節では、オックスブリッジで発生したチュートリアルが、どのような経緯で現在のような形態になったのかを明らかにした。オックスブリッジには、古くから非公式な形でのチュートリアルが存在していた。18世紀半ば〜19世紀初頭にかけて、両大学に優等学位試験が導入されたことで、チュートリアルにも大きな変化がもたらされた。19世紀初頭には、知識をテキスト通りに学ばせるためのカテキズム的少人数教育が行われていたが、優等学位試験の導入により、従来の教授形態では対応できなくなっていった。そこで現れたのが、大学外で学生に1対1で個人指導を行うプライベート・チューターであった。1850年にオックスブリッジに科学分野の科目が導入されてから10年のうちに、正規の教育外で発展したプライベート・チューターの教授形態が、オックスブリッジの大学内に取り入れられ、今日のイギリス高等教育を特徴づけるチュートリアルの原型が確立された。

　このことにより、チュートリアルにおいて、疑問を投げかけて探究する姿勢が重んじられるようになり、ソクラテス的問答法が取り入れられた。また1対1の指導がチュートリアルの一般的なスタイルになったことで、以前のカテキズム的少人数教育に比べて、学生の論理的思考を養うことが重んじられるようになった。

　また、チューターの役割としては、オックスブリッジのカレッジにおいて非公式な形で存在したチュートリアルにおいては、学生の学問的指導に加え道徳的指導が行われていたが、優等学位試験の導入により、チューターの指導は一度学問的なものに偏った。しかしカレッジ内から道徳的指導を見直す声が上がり、チューターの役割として学問的指導と道徳的指導を併せ持つ本来のスタイルに戻った。

　以上、本節における考察から、チュートリアルの機能的な特徴として、ソクラテス的要素が含まれていることと、チューターに学問的指導と道

徳的指導が兼ね備えられていることの2つが指摘できる。

　これらを第1節で導き出したチュートリアルの形態的な特徴と合わせて考えると、チュートリアルを形成する重要な要素として以下の4つを挙げることができる。すなわち、①学生主体、②少人数制、③ソクラテス的要素が含まれていること、④チューターに学問的指導と道徳的指導が兼ね備えられていることである。本論文ではこの4つの要素を持つものを、チュートリアルの原型と捉えることとし、こうしたチュートリアルの原型が、19世紀以降どのようにしてイギリスの他大学やオーストラリアの大学に伝播し変容していったのか、その過程について次章以降で明らかにする。

注
1　大学憲章は、オックスフォード大学に12世紀、ケンブリッジ大学に13世紀に授与された。
2　成田克矢「イギリスの大学改革」大学改革研究会編『世界の大学改革』亜紀書房、1969年、47頁。
3　サンダーソン, M.(安原義仁訳)『イギリスの大学改革－1809-1914－』玉川大学出版部、2003年、21頁。
4　なお、オックスブリッジ以外にカレッジ制を採用している大学としてダラム大学がある。サンダーソン（2003）によると、ダラム大学は、世俗的な教育機関であるロンドン大学の創設に対して危機感を抱いた宗教関係者により1832年に設立され、1837年に大学憲章を授与された。またこの設立には、オックスブリッジの教育をイングランド北部の者にも提供しようという地理的な理由もあった。ダラム大学はオックスフォード大学を模範としてカレッジ制を採用し文学と神学を重視した。また、新しい試みとしてオックスブリッジよりも幅広いカリキュラムを提供するため、工学をそのカリキュラムに含めたが、その後工学の学位が専門職団体から承認されなかったために、その試みは成功しなかったという。（同上書、68～69頁。）
5　イギリスにある連合大学はロンドン大学とウェールズ大学であるが、本論文はイングランドを研究対象としているためロンドン大学に焦点を絞って考察を行う。
6　成田克矢、前掲書、1969年、49頁。

7 パーキン，J. H.（新堀通也監訳）『イギリスの新大学』東京大学出版会、1970年、37頁、117頁。
8 第1期に創設された市民大学と大学憲章授与年は以下の通りである。マンチェスター大学（1880年）、バーミンガム大学（1900年）、リバプール大学（1903年）、リーズ大学（1904年）、シェフィールド大学（1905年）、ブリストル大学（1909年）。第2期に創設された市民大学と大学憲章授与年は以下の通りである。レディング大学（1926年）、ノッティンガム大学（1948年）、サウサンプトン大学（1952年）、ハル大学（1954年）、エクセター大学（1955年）、レスター大学（1957年）。
9 ユニバーシティ・カレッジ（University College）とは、大学憲章が授与される前の、学位授与機能を持たない教育機関を指す。
10 学外学位とは、沢田編（1970）によると、イギリス高等教育において試験機関として誕生したという性格を持つ、ロンドン大学だけが有している学位制度のことである。学位授与権を持たない、ロンドン大学の傘下校として認定されている教育機関の学生、およびロンドン大学の学外学生（external students）として登録し独学で学んでいる学生に対して、ロンドン大学が行う学位試験を課し、合格すれば授与される。なお1858年以前は、ロンドン大学の提携カレッジで学んだ学生だけに授与された。（沢田徹編『主要国の高等教育－現状と改革の方向－』第一法規、1970年、178頁。）
11 パーキン，J. H.、前掲書、1970年、3頁。
12 同上書、117頁。
13 オルドリッチ，R.（松塚修三他監訳）『イギリスの教育』玉川大学出版部、2001年、33頁。
14 キール大学の前身は、1949年に設立されたノース・スタフォードシャー・ユニバーシティ・カレッジである。キール大学として大学に昇格したのは1962年のことである。
15 7つの新大学とは、サセックス大学、ヨーク大学、イースト・アングリア大学、エセックス大学、ランカスター大学、ケント大学、ウォーリック大学を指す。
16 ローラー，J.編（上村達雄訳）『新しい大学』時事通信社、1970年、45頁。
17 パーキン，J. H.、前掲書、1970年、24頁。
新大学におけるカレッジ制については第2章第2節で述べる。
18 沢田徹編、前掲書、1970年、243～244頁。
例えば、ウォーリック大学には文科系スクール、社会科学系スクール、数学研究スクール、自然科学系スクールが設けられている。
19 同上書、244頁。

20　Committee on Higher Education, *Higher Education － Report*. London, 1963, p.187.
21　*Ibid.*, p.71, p.74, p.187.
22　*Ibid.*, p.188.
23　沢田によるとオックスブリッジの学生は、チュートリアルには計画に従って、出席しなければいけないという。（沢田徹編、前掲書、1970 年、167 ～ 168 頁。）
24　チュートリアルとセミナーが混同して使われている例として次のようなものがある。ベロー（Bellot）は「チュートリアル方式（tutorial method）の使用に着実な発展が見られた」と述べた後に、1928 年のユニバーシティ・カレッジ・ロンドンのカレンダーを引用し、「『…1928 年頃になると、講義が教育の一部を担う一方で、チュートリアルやセミナーやディスカッションなどが徐々に、講義を補う重要なものとして、そしてさらには置き換わるものとして発展してきた』と述べられている」と続けている。(Bellot, H. H., U*niversity College, London.* U*ni*versity of London Press, 1929, p.415.)
25　University Grants Committee, *Report of the Committee on University Teaching Methods*. London, 1964, p.62.
26　子安増生「英国における高等教育教授システムについて」『京都大学高等教育研究（紀要）』創刊号、1995 年、46 ～ 53 頁。
27　University Grants Committee, (1964) *op.cit.*, p.62.
28　1990 年代初頭に UGC が HEFCE（Higher Education Funding Council for England）にその機能が引き継がれてからは、チュートリアルに対する風当たりが強くなってきている。例えば、2015 年にはオックスブリッジへのチュートリアルへの資金的なサポートをなくそうとしている。"Oxbridge to be stripped of special funding feeding the tutorial system", Times Higher Education, July 2, 2015.（http://www.timeshighereducation.com/oxbridge-to-be-stripped-of-special-funding-feeding-the-tutorial-system 2015/12/20 アクセス確認）
29　University Grants Committee, (1964) *op.cit.*, p.70.
30　*Ibid.*, p.70.
31　よってケンブリッジ大学ではスーパーバイザー（supervisor）が指導を行う。しかし先行研究においても、またイギリスのオックスブリッジ以外の大学においてもこの教授形態をチュートリアルと呼ぶことが圧倒的に多いため、本論文ではチュートリアルとして扱う。ケンブリッジ大学におけるスーパービジョンでは、教員対学生比は分野によって異なるが、歴史学や文学では 1 対 1 であり、地理学では 1 対 2,工学では 1 対 4 である。

（安部悦生『ケンブリッジのカレッジ・ライフ』中央公論社、1997年、13頁。）
32 University Grants Committee, (1964) *op.cit.*, p.71.
33 Committee on Higher Education, (1963) *op.cit.*, p.188.
34 *Ibid.*, Appendix Two (B), p.266.
35 *Ibid.*, p.78.
36 大規模市民大学とは、バーミンガム大学、ブリストル大学、リーズ大学、リバプール大学、マンチェスター大学、ニューカッスル大学、ノッティンガム大学、シェフィールド大学を指す。
37 この調査では、いくつかの新大学が市民大学に含まれ分類されている。小規模市民大学に分類されているのは、ダラム大学、エクセター大学、ハル大学、キール大学、レスター大学、レディング大学、サウサンプトン大学、サセックス大学の8大学である。しかしこれらのうち、キール大学とサセックス大学は新大学である。
38 Committee on Higher Education, (1963) *op.cit.*, p.75.
39 沢田徹編、前掲書、1970年、166〜167頁。
40 オックスフォード大学の学生へのインタビュー調査によると、チュートリアルに向けて毎週5冊くらいの文献を読み、1500〜2000語のエッセイを書かなければならないので、講義への出席はおろそかにならざるを得ないということである。(2004年、オックスフォード大学の神学専攻の学生へのインタビューによる)
41 世界教育史研究会編（梅根悟監修）『世界教育史大系26—大学史Ⅰ—』講談社、1974年、11頁。
42 ラシュドール, H.（横尾壮英訳）『大学の起源—ヨーロッパ中世大学史—（上）』東洋館出版社、1968年、41頁、47〜48頁。
43 同上書、374〜375頁。
44 ホスピキウム (hospicium) とは、学生グループが、大学団と市合同の委員の決めた家賃で借用した家屋・住居のことである。（同上書（上）、375頁。）
45 同上書、376頁。
46 シャルル, C. & ヴェルジェ, J.（岡山茂、谷口清彦訳）『大学の歴史』白水社、2009年、24頁。
47 ラシュドール, H.、前掲書（上）、1968年、376頁、382頁。
48 同上書、1968年、383〜384頁、392頁。
49 同上書、387〜388頁。
50 この言葉はフランスにその起源があるが、本論文の対象とする範囲ではないので深くは扱わない。
51 ラシュドール, H.、前掲書（上）、1968年、376頁、387頁、392頁。

52 同上書、394〜395頁。
53 同上書、393頁。
54 ラシュドール, H.（横尾壮英訳）『大学の起源 —ヨーロッパ中世大学史—（下）』東洋館出版社、1968年、30〜31頁、40頁。
55 グリーン, H. H. V.（安原義仁、成定薫訳）『イギリスの大学—その歴史と生態—』法政大学出版局、1994年、3頁。
56 ラシュドール, H.、前掲書（下）、1968年、27頁。
57 同上書、28頁。
58 世界教育史研究会編、前掲書、1974年、30頁。
59 ラシュドール, H.、前掲書（下）、1968年、42頁。
60 世界教育史研究会編、前掲書、1974年、30頁。
61 ラシュドール, H.、前掲書（下）、1968年、43〜44頁。
62 同上書、52頁、129頁。
63 同上書、118頁、120頁。
64 同上書、169頁。
65 ラシュドール, H.、前掲書（上）、1968年、392頁。
66 同上書、392〜393頁。
67 同上書、395〜396頁。
68 ウィンチェスターの司教であったウィカム（Wykeham）は、イギリス最初のパブリック・スクールであるウィンチェスター・カレッジの創設者としても有名である。（ラシュドール, H.、前掲書（下）、1968年、167〜168頁。）
69 同上書、169頁。
70 Bailey, C.（Revised by Bamborough, J. B.）, "The Tutorial System", *Handbook to the University of Oxford.* Clarendon Press, 1962, p.271.
71 ラシュドール, H.、前掲書（上）、1968年、32頁。
72 安原義仁「近代オックスフォード大学の教育と文化」橋本伸也他著『エリート教育』ミネルヴァ書房、2001年、202頁。
73 安原によると、オックスフォード大学は非国教徒に対して堅く門戸を閉ざしていた。大学入学登録や学位取得の際には国教会への宣誓と署名が要求され、カレッジへの礼拝は義務であった。（同上書、205頁。）さらに、成田によると、イングランドにおけるオックスブリッジ以外の大学の設立は、14世紀〜19世紀初めまで王権によって禁圧されていた。（成田克矢、前掲書、1969年、47頁。）また、サンダーソンによると、18世紀後半および19世紀前半において、ケンブリッジ大学の卒業生の半数、オックスフォード大学の卒業生の3分の2が聖職に就いた。非国教徒の入学を認めるようになったのは、オックスフォード大学は1854年、ケンブリッ

ジ大学は1856年以降である。(サンダーソン, M.、前掲書、2003年、79頁。)
74 安原義仁、前掲書、2001年、207〜209頁。
　安部によると、ケンブリッジ大学においても、教員と学生が起居を共にし、カレッジが学業と生活の基盤となっていったという。(安部悦生、前掲書、1997年、9頁。)
75 ラシュドール, H.、前掲書(下)、1968年、137頁〜166頁。
76 同上書、267頁。
77 Bailey, C. (1962) *op.cit.*, p.272.
78 Curthoys, M. "Examinations, Liberal Education, and the Tutorial System in Nineteenth-Century Oxford", 広島大学研究会発表資料, 2006, pp.6-7.
79 サンダーソン, M.、前掲書、2003年、62頁。
　ケンブリッジ大学における、優等学位試験の当初の内容はほとんどが数学に関するもので、一部に哲学が含まれていた。1822年、古典学トライポスが創設されたが、当初は数学トライポスを受験した後にしか受けることができなかった。(同上)
80 オルドリッチによると、1807年から、オックスフォード大学では優等学位取得者全てを、成績順にいくつかのクラスに分け、クラスごとに名前をアルファベット順に並べて公表した。ケンブリッジ大学では各クラスの中でさらに成績順に並べて公表した。(オルドリッチ, R.、前掲書、2001年、76頁。)
　またカートイスによると、オナーズ・リストは当初、大学で公表されていたが、1820年代からは新聞で発表されるようになったという。(Curthoys, M. (2006) op.*cit., p.*8.)
81 オルドリッチ, R.、前掲書、2001年、76頁。
82 サンダーソンによると、オックスフォード大学においては1807年から、数学・物理学の優等学位試験が導入されたが、あくまでも副次的なものであり、古典学の優等学位試験を受験した後にしか受けることができなかった。(サンダーソン, M.、前掲書、2003年、62頁。)
83 同上書、63頁。
84 Bailey, C. (1962) *op.cit.*, p.272.
85 *Ibid.*, p.273.
86 Curthoys, M. (2006) *op.cit.*, p.20.
87 サンダーソン, M.、前掲書、2003年、63頁。
88 Curthoys, M. (2006) *op.cit.*, pp.10-11.
89 サンダーソン, M.、前掲書、2003年、63頁。
90 Curthoys, M. (2006) *op.cit.*, p.11.
91 オルドリッチ, R.、前掲書、2001年、77頁。

92 安原義仁、前掲書、2001 年、203 ～ 204 頁。
   安原によると、学生には、①繊細な趣向、②気品ある礼儀正しい振る舞い、③率直で公正かつ平静な精神を体得させることが目指されたという。（同上書、203 頁。）
93 サンダーソン , M.、前掲書、2003 年、6 頁。
94 同上。
95 Curthoys, M.（2006）*op.cit.*, p.7.
96 *Ibid.*, pp.4-5.
97 *Ibid.*, p.7.
98 サンダーソン , M.、前掲書、2003 年、53 ～ 54 頁。
99 同上書、54 頁。
100 舟川一彦『十九世紀オクスフォード―人文学の宿命―』上智大学、2000 年、29 頁。
101 サンダーソン , M.、前掲書、2003 年、56 頁。
102 サンダーソンによると、この運動はトラクタリアン運動とも呼ばれる。運動の中心となったのはオリエル・カレッジの教員たちであった。彼らは国家の干渉、世俗主義、非国教徒の入学に対して疑念を抱いており、当時オックスフォード大学内に広がっていた宗教的な無関心（apathy）に対して運動を起こした。（同上書、60 頁。）
103 Curthoys, M.（2006）*op.cit.*, p.20.
104 *Ibid.*, p.5.
105 サンダーソン , M.、前掲書、2003 年、7 頁。
106 同上書、107 頁。
107 同上書、108 頁。
108 同上書、15 ～ 17 頁。
109 同上書、107 ～ 108 頁。
110 安原義仁、前掲書、2001 年、204 頁。
   安原によると、学生の①合理的な思考・分析の態度・習慣の涵養、②一般的な精神力の涵養が目指された。しかし、カリキュラムはその後も依然として狭く、「専門化された高度の卓越性をもち、洗練されていることを目指すもの」であったという。（同上）
111 カートイスによると、優等学位導入後、学位試験における変化は、他の学生がその場に出席することが求められた点である。そうすることで、試験が形式だけのものになることを防いだ。またこれは、学生自身が受験する際にどのような質問がされるのかを知っておくためでもあった。また、中世の討論とは異なり、ディベート形式ではなかった。（Curthoys, M.（2006）*op.cit., p.*9.）

112　*Ibid.*, pp.9-10.
113　舟川一彦、前掲書、2000 年、109 〜 110 頁。
114　サンダーソン , M.、前掲書、2003 年、74 頁。
115　同上書、74 〜 75 頁。
116　同上書、15 〜 17 頁、107 頁。
117　同上書、76 〜 77 頁。
118　同上書、76 頁。
119　同上書、77 頁。
120　同上書、76 〜 77 頁。
　　プライベート・チューターは、プライベート・コーチ（private coach）とも呼ばれた。カートイスによると、優等学位を目指す学生は、新しい分野を高いレベルで教えることのできる、プライベート・チューターからの個別指導を必要とした。(Curthoys, M.（2006）*op.cit., p.*11.) また、舟川によると、プライベート・チューターは、カレッジのチューターよりも専門分化されていたため、指導の効率性という点で優れていた。(舟川一彦、前掲書、2000 年、116 頁。)
121　同上書、115 頁。
　　1852 年に出された王立委員会（Royal Commission）の報告書でもプライベート・チューターについての言及があり、学生 1 人 1 人に対して行き届いた指導ができることがその利点であるとされている。こうして、オックスブリッジの試験制度が要求した学問水準は、プライベート・チューターの存在によって保たれた。(同上書、115 頁、117 頁。)
122　同上書、22 〜 23 頁。
123　Curthoys, M.（2006）*op.cit.*, pp.12-13.
　　その動きとして例えば、1826 年からチューターとなり、オリエル・カレッジにおける教育活動のリーダー的存在であったニューマン（Newman, H. J.）は、チューターと学生との人格的接触を緊密にすることを目指した。また、舟川によると、ニューマンは、学生を担当するチューターが学期（term）毎に変わるという従来のスタイルを、学生が入学から卒業まで一貫して同じチューターの指導を受けられるようにした。そうすることで、カレッジのチューターに、特定の学生と長期に渡って向き合い教育を行うというプライベート・チューターの機能を取り込もうとした。(舟川一彦、前掲書、2000 年、105 頁。)
124　2006 年 10 月 9 日、カートイス氏へのメールによる質問への回答より。
125　グリーンによると、ジョウエット（Jowett）にとって大学の機能は、学問というよりむしろ教育であったという。(グリーン , H. H. V.、前掲書、1994 年、79 頁。)

また、ジョウエットの最も優秀であった学生の１人は、ジョウエットについて、「彼はカレッジのチューターとして成功する秘訣を完璧に理解していた。」と述べている。そしてその秘訣とは、「何よりもまず仕事への深い愛情」を持ち、「学生の性格を考慮すること」であったという。(Markham, F., Oxford. A.R. Mowbray and Co. Ltd., 1975, p.145.)

126　*Ibid.*
127　*Ibid.*, p.144.
128　なお、Commission of Inquiry（1997）の報告によると、学生が１回のチュートリアルの準備に充てる時間は、平均13時間であるという。(Commission of Inquiry, "Commission of Inquiry Report", University of Oxford, 1997.)
129　Bailey, C. (1962) *op.cit.*, p.273.
130　2006年10月9日、カートイス氏へのメールによる質問への回答より。
131　ソクラテスは、鋭い質問によって議論している相手を自己矛盾に陥らせ、相手に自分の無知を自覚させることにより、真理の探究に導いた。このように、対話により、相手の不確実な知識から真正な概念が生まれるのを助けることを、ソクラテス的問答法という（『広辞苑 第五版』）。中野（1967）によると、ソクラテスは、教育とは教えることではなくて、その人自らに自覚させることだと考えていた。そしてその自覚はその人自身がするのであり、教師は直接手をくださない。質問やイロニー（議論の相手を知者とし、自己は無知を装いながら、対話を通じて相手の無知をあばくというもの）などでその人の愛知の精神を自覚させ、それにより「いついかなるところでも真実を求めてやまない信念」を形成させることが産婆術（すなわちソクラテス的問答法）であるという。（中野幸次『ソクラテス』清水書院、1967年、176～179頁。）
132　1977年～2014年まで、オックスフォード大学ニュー・カレッジの古代史のフェローとチューターを務めた。
133　Fox, L. R., "Tutorials in Greats and History: The Socratic Method", In Palfreyman, D. (ed.), *The Oxford Tutorial: 'Thanks, you taught me how to think'*. OxCHEPS, 2001, p.54.
134　*Ibid.*, p.55.
135　*Ibid.*, p.57.
136　*Ibid.*, p.58.
137　Curthoys, M. (2006) *op.cit.*, p.12.
138　成田克矢、前掲書、1969年、63頁。
139　Bailey, C. (1962) *op.cit.*, p.275.
　　　なお成田（1969）によると、チュートリアルには、①高価な教授形態

であるため、不経済的で非効率的である、②指導がチューターの主観的判断や経験に左右されやすい、③カレッジの閉鎖的な人事の温床となってしまう、などの批判もある。（成田克矢、前掲書、1969年、64〜66頁。）

140　Bailey, C. (1962) *op.cit.*, pp.276-277.
141　Sabri, D., "Understanding the Learning Process: Tutorial Teaching in the Context of Research into Learning in Higher Education", Oxford Learning Institute, University of Oxford, 2000, p.2.
142　University Grants Committee (1964) *op.cit.*, p.66.
143　ランカスター大学の教育学部（Department of Educational Research）長である。当時は、オックスフォード大学の大学教育推進センター（Institute for the Advancement of University Learning）の研究生であった。
144　Ashwin, P., "Variation in students' experiences of the 'Oxford Tutorial'", *Higher Education*. vol.50, 2005, pp.631-644.
145　*Ibid.*, pp.638-639.

第2章 イギリス高等教育における
チュートリアルの伝播と変容

　オックスブリッジで形成されたチュートリアルの原型は、19世紀以降イギリスの他大学へと伝播していったが、その伝播形態は、オックスブリッジからロンドン大学・市民大学への伝播と、オックスブリッジから新大学への伝播の大きく2つに分けられる。本章ではそれらを明らかにするために、第1節でロンドン大学・市民大学への伝播と変容、第2節で新大学への伝播と変容について考察する。そして第1節と第2節から導き出したことを踏まえ、第3節では、イギリスの大学全体にオックスブリッジのチュートリアルがどのように伝播し変容していったかについて考察する。

第1節　ロンドン大学・市民大学へのチュートリアルの伝播と変容

　第1節では、ロンドン大学・市民大学の設立過程と、オックスブリッジからのチュートリアルの伝播と変容について明らかにする。第1項ではロンドン大学の設立過程と、オックスブリッジからロンドン大学へのチュートリアルの伝播と変容について考察し、第2項では市民大学について同様に考察する。

1　オックスブリッジからロンドン大学へ
(1) ロンドン大学の設立と理念

　本項では、オックスブリッジからロンドン大学へのチュートリアルの伝播を見る際に概観しておく必要のある、ロンドン大学設立の背景に

あった理念について考察する。

　14世紀〜19世紀初頭まで、オックスブリッジ以外の大学を設立することは、王権によって禁止されていた。イギリスでは1760年代に産業革命がおこり、中産階級が次第に実質的な支配階層となっていった。彼らは科学・技術を重視したため、オックスブリッジ以外に学位授与権を持つ機関を設立しようという強い動きが出てきた[1]。

　ユニバーシティ・カレッジ・ロンドン[2]（University College, London）の設立当初の目的は、①オックスブリッジに受け入れられない学生に高等教育を提供すること、②オックスブリッジで軽視されている科目を提供することであった[3]。①については当時、オックスフォード大学において非国教徒の入学は認められておらず、ケンブリッジ大学においても学位試験の際、国教会への誓いが義務づけられていたからである[4]。②については当時、オックスブリッジで学べる科目の幅が狭く、自然科学や経験科学などはほとんど教えられていなかったからである[5]。

　ユニバーシティ・カレッジ・ロンドンは当初、講義だけではなく、効果的で多様な教授を提供する教育組織として考案されたが[6]、実際には、講義と演習のみによる教育が行われた。講義を教授形態の中心に据えるという、ユニバーシティ・カレッジ・ロンドンのこの方針は、オックスブリッジのチュートリアルから意図的に距離を置き、スコットランドの大学実践に倣ったものであった[7]。このように、1826年に創設されたユニバーシティ・カレッジ・ロンドンは、科目の幅広さ、講義制、通学制（non-residence of students）、宗教審査の廃止[8]など、スコットランドの大学からその特徴の多くを取り入れた。また、講義を行う教授には、ヨーロッパ大陸やスコットランドの大学で経験を積んだ者が半数以上含まれていた[9]。

　1832年、ユニバーシティ・カレッジ・ロンドンは教授全員から成る諮問機関として理事会（senate）を組織した。そしてその下部機関として学部を設け、それぞれに学部長（dean）を置いた[10]。ユニバーシティ・

カレッジ・ロンドンが設立当初に提供した科目は、文学、法学、医学であり、1870年からは科学が提供されるようになった[11]。学部は、文学・法学・科学からなる総合学部と、医学部に分けられた[12]。

1829年、世俗的な教育機関であるユニバーシティ・カレッジ・ロンドンに対抗して、国教会が後ろ盾となってキングス・カレッジ・ロンドン（King's College, London）が創設された[13]。キングス・カレッジ・ロンドンは、国教会に献身的な態度をとるという点ではオックスブリッジの慣習に従ったが、カリキュラムに関しては、現代的で幅広いユニバーシティ・カレッジ・ロンドンに倣った。そのため、ユニバーシティ・カレッジ・ロンドンとキングス・カレッジ・ロンドンは類似したカリキュラムを持つこととなった。そして1830年代前半、教育と学位授与を行う1つの大学として、両カレッジを統合する協議が行われた[14]。当初、キングス・カレッジ・ロンドンは特定の宗派を持たない団体と共同で大学を運営していくことに消極的だったが、1836年、政府が介入したことで行き詰まりは解消され、全学（University）の下にユニバーシティ・カレッジ・ロンドンとキングス・カレッジ・ロンドンを持つ、ロンドン大学が誕生した[15]。しかし全学は実質的には独立した試験機関であった。そして学位試験は、ユニバーシティ・カレッジ・ロンドンとキングス・カレッジ・ロンドンの学生だけでなく、政府が認可したロンドン大学の提携カレッジで学んだ学生も受けることができ[16]、提携カレッジで学んだ学生には学外学位が授与された[17]。

宗教的な制限をせず、近代的なカリキュラムを持つロンドン大学の設立により、オックスブリッジは、時代の要請に応えられていないという批判を受けるようになった[18]。その結果、1854年にオックスフォード大学は宗教審査を廃止したため、ロンドン大学は設立以来享受していた、宗教的な制限をしないという大きな特徴の1つを必然的に失ってしまった[19]。

1840年代〜1860年代にかけてロンドン大学は、学生数も減少し停滞

期を経験した[20]。また、大学設立の際27人いた教員のうち19人が、設立後10年以内にロンドン大学を去っていったが、その理由は給料に対する不満や、他大学のポストを得たことなどであった[21]。

1858年以降、ロンドン大学の学外学位試験は提携カレッジの学生だけでなく誰もが受けられるようになった[22]。キングス・カレッジ・ロンドンはこの変化に対し、特定のカリキュラムを学ばなくても試験を受けられることは、学位試験として不適当であるとした[23]。また、ユニバーシティ・カレッジ・ロンドンもこの変化を、学位の価値を下げるだけでなく、イギリス高等教育における学位の意味をも変えてしまうものであると、強く抵抗した[24]。

(2) 教育機関としての新生ロンドン大学へ

ロンドン大学の理事会は、教育機能と試験機能をまったく別のものであると捉え、教育からは距離を置いていた。全学は教育を行わなかったし、教育機関であるカレッジと緊密なつながりを求めることもなかった[25]。1864年、理事会は、「講義が全学と（カレッジの）共同で行われるのは望ましくない」とさえ述べた。結局のところ全学は、理事会によって財政を管理された試験機関であった[26]。しかし1880年代、ユニバーシティ・カレッジ・ロンドンとキングス・カレッジ・ロンドンは、彼らに欠けている学位授与の力を、マンチェスターがつけてきていると強く感じていた[27]。マンチェスターのみならず、リバプール、リーズ、バーミンガム、ブリストル、ノッティンガム、シェフィールドなどの地方都市で、教育機関が発展してきていたため、それらの機関に引けを取らない大学がロンドンに存在している必要があったのである[28]。そこで、全学が、試験と学位授与を行うだけの機関ではなく、より進んだ教育を促進し、独創的な研究のための機関となるべきであるという声がロンドン大学内部から高まった[29]。そして1884年、ユニバーシティ・カレッジ・ロンドンの評議会の元メンバーであったバート（Bart, Y. G.）を中心

に、ユニバーシティ・カレッジ・ロンドンとキングス・カレッジ・ロンドンの教員からなる、「教育機関としてのロンドン大学を促進する団体」（The Association for the promotion of a Teaching University for London）が組織された[30]。この団体は、ロンドン大学の組織上の欠陥に社会の注意を喚起し、なんらかの改革が早急に必要であるという社会の合意を得ることに成功した[31]。

(3) ロンドン大学へのチュートリアルの伝播

上記のように「教育機関としてのロンドン大学を促進する団体」が組織され、多くの議論がなされた結果、1898年にロンドン大学法が制定され、大学は大きく再編成されていった。全学的な組織としての大学は、学部や委員会（Boards of Studies）を通して、カレッジのコースの内容や学問的な質を監督するようになった[32]。すなわち教育組織であるカレッジと、学位授与のための試験機関であった全学との間に、実質的な結びつきができたのである[33]。カレッジと全学の関係は大いに修正され、カレッジの組織内でも変化が見られた。1898年のロンドン大学の再編成は、学生数や教授形態などに大きな影響を与えた。学生は全学で行われる講義への出席が義務づけられるようになり[34]、1900年までにロンドン大学は教育機関として再出発を遂げた[35]。1898年、文学部が現代語を拡充するにあたりドイツ語科が創設され、その際セミナーが導入された[36]。学生数は、1900年〜1925年の間に2倍以上になった[37]。ユニバーシティ・カレッジ・ロンドンとキングス・カレッジ・ロンドンは、高度な教育と独創的な研究を、共同で促進することに重きを置くようになった[38]。

このようにロンドン大学が教育機関として再編成されていく中で、チュートリアルも着実に導入されていった。1928年に出版されたユニバーシティ・カレッジ・ロンドンのカレンダーでは、「1908年頃には、カレッジの教育の大部分が講義によって行われていた。しかし1928年

頃になると、講義が教育の一部を担う一方で、セミナーやディスカッションやチュートリアルなどが、講義を補う重要なものとして、そしてさらには置き換わるものとして徐々に発展してきた」と述べられている[39]。こうしたチュートリアル導入の流れをキングス・カレッジ・ロンドンのカレンダーから調べてみると[40]、確かにこの期間、特に1920年に入ってから顕著にチュートリアルやセミナーなどの少人数教育が導入されていることがわかる（表2-1）。また、同表からチュートリアルは文学部、医学部へは早い段階から導入されており、工学部への導入が1番遅いことが分かる。これはチュートリアルが、講義によって知識を詰め込み、演習によって実践を行うという実学系の学問よりも、思考を深めていく学問や、人との接触を職業の中心的なものとする学問に適した教授形態であるからである。また、実学系の学問では、コストと時間のかかるチュートリアルという教授形態に十分な費用対効果が望めなかったことも、工学部へのチュートリアルの伝播の時期が遅かった理由であると考えられる。

このように、ロンドン大学へのチュートリアルの伝播は、ロンドン大学が学位授与機関から教育機関へと再編成される過程で起こった出来事であった。このため、チュートリアルは一斉に導入されたわけではなく、授業によっては、カテキズム的クラスを維持したり、セミナーを用いたりと、少人数教育に対する教員の考え方が反映されており、ばらつきが見られるという特徴がある。

今日のロンドン大学におけるチュートリアルについて見てみると、例えばユニバーシティ・カレッジ・ロンドンでは、全ての学生に個別チューター（personal tutor）がつき、学生への学習面のアドバイスと道徳的指導が行われている[41]。しかしチュートリアルの頻度が、オックスブリッジとは大きく異なっている。ユニバーシティ・カレッジ・ロンドンでは、1年次には、年に少なくとも5回のチュートリアルが実施され、そのうち3回は、教員対学生比が1対1で行われる。2年次以降は、年に少な

表 2-1 キングス・カレッジ・ロンドンにおけるチュートリアルの導入状況

(T=Tutorial, S=Seminar C=Catechetical Class)

学科／年度		1919	1920	1921	1922	1923	1924	1925	1926	1927	1928
文学部	教育	―	―	―	T	T	T	T	S	T	T
	国文	―	―	―	―	―	―	T	T	T	T
	国文（夜間）	T	―	T	T	T	T	T	T	T	T
	フランス	―	―	―	―	―	T	T	T	T	T
	中世／近代史	―	T	T	T	T	T	T	T	T	T
	哲学	―	―	―	―	S	S	S	S	S	S
	スペイン	―	―	S	S	T/S	T/S	T/S	T/S	T/S	T/S
	心理	―	―	―	―	―	―	―	―	―	S
	心理（夜間）	―	―	―	S	S	S	S	S	S	S
法学部	ローマ法	S	S	S	S	S	S	S	S	S	S
	ローマ／オランダ法	S	S	S	S	S	S	S	S	S	S
医学部	生理学／生化学／有機化学／組織学	T	T	T	T	T	T	T	T	T	T
	薬学／治療学	―	―	C	C	C	C	C	C	C	C
	実験薬学				C	C	C	C	C	C	C
工学部	土木／機械工学	―	―	―	―	―	―	―	―	T	T
神学部	旧約聖書／ヘブライ語	―	S	S	S	S	S	S	S	S	S
	教会学	S	S	S	S	S	S	S	S	S	S
	宗教哲学	S	S	S	S	S	S	S	S	S	S
	宗教文学	S	S	S	S	S	S	S	―	S	S

出所) キングス・カレッジ・ロンドンのカレンダー 1919-20 ～ 1928-29 をもとに筆者作成。
注) 神学部においては全学生に、コース等についての助言を行うチューターが割り当てられた。
注) ―は学部・学科は存在するが、T, S, C が見られないことを指す。また、斜線は学科が存在しないことを指す。

くとも3回のチュートリアルが行われる。また、1人の学生を、同じ個別チューターが3年間見守り続ける。それは学生が、サポートされてい

ると感じる環境でこそうまく学びを進めていけるからである。また、学生が推薦状を書いてもらうのも個別チューターであることが多い。個別チューターになるのは、教員と、適切な訓練を受けた大学院生も含まれる[42]。さらに、具体的な学部について見てみると、例えばコンピューター・サイエンス学部におけるチュートリアルは、何よりもまず道徳的指導が行われる場だとされており、学問的な進捗状況について話す機会にもなる、とされている[43]。

以上のことを、第1章で導き出した、オックスブリッジのチュートリアルを形成する4つの要素に照らし合わせてみると、②少人数制だということはできる。しかし、ロンドン大学のチュートリアルが、オックスブリッジのチュートリアルと決定的に違っているのはその頻度である。ここから、チュートリアルの目的や用途も変容してきていると言える。④チューターに学問的指導と道徳的指導が兼ね備えられているという点に関しては、ロンドン大学へチュートリアルが導入された当初は、一部の学部で学問的指導のみが行われていたが、今日では大学全体でチュートリアルが活用されていることが分かった。また、チューターの機能については、学問的指導が主なわけでなく、むしろ道徳的指導に重きが置かれている学部もある。これだけの頻度でしかチュートリアルが行われず、また、学問的指導にもあまり比重が置かれていないことから、学問的指導においてこそ有効な、①学生主体という要素や、③ソクラテス的要素は弱いと言える。

次項では、19世紀半ばからイギリス各地で起こった市民大学設立への動きと、背景にある理念、それに伴う教授形態の変遷について考察する。

2　オックスブリッジから市民大学へ
(1) 市民大学の設立と理念

1760年代にイギリス各地で産業革命が起こり、人々は都市に集中するようになった。また1815年に1300万人であったイギリスの人口は、

1871年までに2倍になった。都市の人口は、バーミンガムとシェフィールドで2倍になり、リバプール、リーズ、マンチェスターでは2倍以上になった[44]。従来、寄付によって運営されてきた教育システムは、農業国であった頃のイギリスの教育需要にはかろうじて対応できていたものの、産業国となり拡大を続けるイギリスの教育需要には対応できなくなっていた[45]。特に人口が膨れ上がった都市部において、教育の需要が高まったのである。

1867年に開催されたパリ万博で、イギリスの科学技術がヨーロッパ大陸の他国に遅れをとっていることが決定的なものとなった[46]。そして、技術的な訓練を受けた人材養成の需要が高まったため[47]、市民大学の基盤となるカレッジが急速に現れ始めた。1851年、オーウェンズ・カレッジ（後のマンチェスター大学）が設立され、ニューカッスル（1871）、ヨークシャー・カレッジ（後のリーズ大学）（1874）、ブリストル（1876）、ノッティンガム（1877）、バーミンガム（1880）、リバプール（1882）、レディング（1892）、ファース・カレッジ（後のシェフィールド大学）（1897）の各カレッジが続いた。これらのカレッジ設立の目的は、産業都市の人々に主に科学や工学を教えることであった[48]。学費は低く設定され[49]、通学制が採られた[50]。

オーウェンズ・カレッジ、ファース・カレッジ、ロンドン大学の創設者は、その設立の主要な目的を、オックスブリッジに入学を拒否された学生達に高等教育を与えることであるとした[51]。これらの創設者は、オックスブリッジの教育が不定期かつ不十分であると考え、他の大学モデル、特に、教授による講義を教育の主な方法とするスコットランドの教育を奨励した[52]。また彼らは、ドイツの大学が採用していた受講者数による給与変動制という競争的な性格を取り入れ、教授を刺激することにより、適切な教育を保証しようとした[53]。

またこれら市民大学の基盤となったカレッジは、設立当初は学位授与権を持たなかったため、学生には提携校であるロンドン大学の学外学位

取得を目指させた。これらのカレッジにとって、ロンドン大学と提携することは、学生に学位を授与できるという点で価値があった[54]。その後、前述のように1858年以降、ロンドン大学の学外学位試験は、提携カレッジで学ばなくても受けられるようになった。提携カレッジはこの変更に対して抗議し、多くの話し合いがもたれたが、実際に提携カレッジが失ったものはほとんどなかった。というのも1858年以降もこれらの提携カレッジは、ロンドン大学の学外学位取得や、ロンドン大学の入学試験へ向けて学ぶのに最適な場所であり続けたためである[55]。

前述のように1898年、ロンドン大学は教育機関として再出発したが、このことは、それまで学生をロンドン大学の学外学位試験に向けて学ばせてきた提携カレッジに大きな変化をもたらした。ロンドン大学が、今やロンドン地域をまとめ、地域の学生の能力を高めていくことに専念することになったため、地方のカレッジが各地域で同じような主張を始めるのは自然なことであった[56]。その後、各カレッジには相次いで大学憲章が授与され、市民大学となっていった。大学憲章は、バーミンガムには1900年に授与されバーミンガム大学となり、その後、マンチェスターとリバプール(1903)、リーズ(1904)、シェフィールド(1905)、ブリストル(1906)にも授与され、大学に昇格した。その後、第2期の市民大学として創設されたのはレディング大学(1926)、ノッティンガム大学(1948)、サウサンプトン大学(1952)、ハル大学(1954)、エクセター大学(1955)、レスター大学(1957)であった。

(2) 市民大学へのチュートリアルの伝播

市民大学は、大学憲章が授与される前は、ロンドン大学から学外学位の授与を受けるために、講義中心のロンドン大学のカリキュラムに従わなければならなかったが、大学憲章が授与されたことによって独自のカリキュラムを組むことが可能となった。これに伴い市民大学の教授形態やカリキュラムにも大きな変化が見られるようになり、こうした流れの中でチュートリアルは導入され

ていった。その背景には、オックスブリッジにおいてチュートリアルを経験した教員の、市民大学への移動により[57]、市民大学で行われていた講義を補うものとしてチュートリアルが取り入れられていったということがあった。ここでは代表的な市民大学の1つとしてシェフィールド大学の例を取り上げる。同大学は1905年に大学憲章を授与されたが、チュートリアル導入の流れをカレンダーから調べてみると、大学憲章授与直後の1906年〜1916年までの10年間にチュートリアルが盛んに導入されていったことが、**表2-2**から分かる。

表2-2 シェフィールド大学におけるチュートリアルの導入状況

(T=Tutorial)

学科/年度		1906	1907	1908	1909	1910	1911	1912	1913	1914	1915
文学部	歴史	—	—	—	—	T	T	T	T	T	T
	経済	—	—	—	—	—	—	—	—	T	T
法学部	イギリス法	T	—	—	—	—	—	—	T	T	—
医学部	解剖	T	T	T	T	T	T	T	T	T	T
自然科学部	物理	—	—	—	—	T	T	T	T	T	T
	化学	T	T	T	T	T	T	T	T	T	T
応用科学部	工学	—	—	—	—	—	—	—	—	T	T
	機械/電気工学	—	—	—	—	—	—	—	—	T	T
	土木工学	—	—	—	—	—	—	—	—	T	T

出所)シェフィールド大学のカレンダー1906-07〜1915-16をもとに筆者作成。
注)—は学部・学科は存在するが、Tが見られないことを指す。

チュートリアルの導入は医学部、科学部で早く、文学部にも徐々に導入され、ロンドン大学と同様に工学部への導入が1番遅かった。これはロンドン大学と同じく市民大学においても、チュートリアルという教

授形態が、講義と演習が主な教授形態である工学という学問になかなか馴染まなかったからであると考えられる。チュートリアルの導入時期は、ロンドン大学よりも市民大学の方が早い。これは、教育機関として再編されたことで、全学とカレッジが徐々に歩み寄り、チュートリアルを緩やかに導入したというロンドン大学に対して、市民大学では大学憲章が授与され、学位授与権を持つ教育機関になったことで独自性が早くから確立され、比較的柔軟な教授形態を採ることができたからだと考えられる。

このようにチュートリアルは市民大学に導入はされたものの、結局財政的な事情により、学生が満足のいく量のチュートリアルが行われることはなかった。

第一次世界大戦後、大学の学生数は前例のないほど増加した[58]。このためオックスブリッジでさえも財政難に陥り、イギリスの全ての大学が国からの資金援助を必要とした。このように財政難という共通の問題を抱えたことは、それまで別々のものであったイギリスの大学が、1つの高等教育システムにまとめられていくきっかけとなった[59]。

1919年、大蔵大臣の諮問機関として設置された大学補助金委員会（University Grants Committee、以下UGCとする）は、1936年の報告書において、教育の極度な専門化に警鐘を鳴らし、教養教育を奨励するため、チュートリアルと「寄宿舎」（Hall of Residence）の発展が必要であることを強く主張した[60]。もともとUGC設立の目的は、国庫補助金の使用に際して、政府と大学の間に入り、衝撃を和らげることであった[61]。そのためUGCに求められたのは、①政府から資金援助を受ける全ての大学と援助プログラムを管理すること、②各大学の資金要請を調整する仲介機関として、各大学とできる限り協議を行うことであった[62]。

UGCはまた、同報告書において、チュートリアルとセミナーの増加を以下のように主張した。「チュートリアルやセミナーの利点は、教員が個別の学生や、小集団の学生と向き合うことができることにある。学

生は疑問に思うことを質問することができ、科目によっては、ディスカッションしたり、自分の考えを弁護したりする。チューターは学生とのディスカッションの中で、学生自身の考えを明らかなものにし、必要であれば修正し、考えを発展させることを試みる。これは、教員の考えに同化させるような講義よりも、はるかに学生の興味を掻き立て、ためになるものである」[63]。その上でUGCは、①チュートリアルやセミナーの数を増やすことで、講義を義務づける必要はなくなる、②学生に出席が義務づけられている講義が多すぎるため、講義の数は減らされるべきであると主張した[64]。

　このようなUGCの動きに合わせるかのように、学生からチュートリアルを求める声も大きかった。イギリスの各大学の自治会をまとめ、1922年に結成された全英学生連合[65]（National Union of Students, 以下NUSとする）は、UGCによる1936年の報告書を受けての1930年代後半と、世界的に学生運動が盛んであった1960年代に特に活動的であった。1937年、NUSは、講義は最小限に抑えられるべきであり、また講義への出席は義務づけられるべきではないと主張した。また、NUSはUGCの主張を支持し、チュートリアル、セミナー、ディスカッション・グループに、多くの時間が使われるべきであると主張した[66]。

　NUSは、マンチェスター大学、バーミンガム大学、ノッティンガム大学で、教授形態とカリキュラムについての調査を実施した[67]。バーミンガム大学では、1936年にUGCが出した報告書から影響を受け、調査が行われ、学生の以下のような主張が導き出された。それらは、①講義ノートは配布されるべきである（そうすることで今まで単なる書き取りの授業になってしまっていた多くの講義が不要になる）、②そして余った時間を6人以下のグループでのチュートリアルにあてるべきである、というものであった[68]。リバプール大学でも、1936年のUGCの報告書から影響を受けて、1937年度に調査が行われ[69]、半数以上の学生がチュートリアルの増加を求めていることが明らかとなった。当時、どの大学でもセミ

ナーやチュートリアルは存在していたものの、その量が十分でなかったのである。その量を十分に確保するために活動したのが NUS とその背後にいた UGC であった。

その後、第二次世界大戦を経て、学生数は 1944 年度の 37,839 人から 1949 年度の 85,421 人にまで急増した。この増加理由は、①戦争のために学業を中断・断念し戦場に赴いた者が復員したこと、②大学院の拡張が求められ、大学院生を多く受け入れるようになったこと、であった[70]。

この学生数の増加と平行して、1945 年〜 1950 年の間に、ほとんど全ての大学において、教員対学生比の改善が目指された。これは学生への個別指導を増やし、また教員自らが研究を行う時間を増やすためであった。教員数は 1938 年度の 3,994 人から 1951 年度の 8,952 人に増加し、教員対学生比も 1938 年度の 1 対 10 から 1951 年度の 1 対 8 に改善された[71]。この時期、各大学は教授形態に対して高い関心を持っていた。オックスブリッジで行われているチュートリアルは、両大学へ多くの学生を惹きつける主な要素であったため、オックスブリッジ以外の大学でも、講義をチュートリアルなどの教授形態で補い、教員と学生間により親しい関係を築くことが目指された。そして実際、戦後の 5 年間で、戦前よりも多くのチュートリアルが大学のコース内で提供されるようになった[72]。

しかし 1960 年代になっても、大学側は依然として学生の要求に十分には応えられていなかった。学生は、講義が一方通行であり、講義を行う教員と学生のコミュニケーションがなく、興味を湧かせるようなディスカッションの機会が持たれないことを批判した上で、講義への出席は義務づけられるべきでなく、出席を義務づけるのであれば講義の質を上げるべきだとした。さらに学生は、講義数の減少、チュートリアルやセミナーの増加、教員と学生の関係を改善することを求めた[73]。

第 1 章では、ロンドン大学・市民大学において、1961 年度の時点でも講義や演習に充てられる時間が多く、チュートリアルの時間に充てられる時間が少ないことを述べたが、この状況に対して、ロンドン大学・

市民大学の学生からはチュートリアルの増加を求める声が多く上がっていた（**表2-3**）。

表2-3　各教授形態の増減を求める学生の割合（%）（1961-62）

	講義		セミナー		チュートリアル		演習	
	減少	増加	減少	増加	減少	増加	減少	増加
オックスブリッジ	12	5	2	21	3	26	5	4
ロンドン大学	20	7	5	32	1	51	8	5
大規模市民大学	16	9	4	35	—	52	12	6
小規模市民大学	14	10	6	29	—	48	6	6

出所）*Higher Education — Report.* 1963, Appendix Two（B）p.264 より筆者作成。

　1961年、NUS は UGC に提出した報告書の中で、「チュートリアルの利点は、学生がチューターに定期的に会い、学生の研究に対してあらゆる観点から指導し、学びを促進することにある。学科に関わらず全ての学生が、チュートリアルやディスカッション・グループに定期的に参加し、教員から学問的指導を受ける機会を与えられるべきである。チューターが目指すべきなのは、学生の知的関心を高め、批判的な精神を涵養させ、建設的な思考を奨励することである」と述べ[74]、全ての学生にチュートリアルを行う重要性を強調した[75]。このようにチュートリアルについては1961年度の時点でも学生の満足のいく量が提供されていなかった。その一方で NUS は、チュートリアルやスーパービジョンが単に質疑応答のためだけの時間になってしまっていることがしばしばあることに懸念を示した[76]。

　次に、チューターの役割についてであるが、当初、市民大学のチューターは学問的指導に終始しており、オックスブリッジのような「学問的指導＋道徳的指導」という概念がなかった。また道徳的指導を行うための「道徳的チューター」を別に設けるということもしていなかった。こ

れについてトラスコット（Truscot, B. 1943）は、自宅から通う学生には親身な立場に立つチューターをつける必要がなく、寄宿舎に住んでいる学生についても、わざわざ「道徳的チューター」をつけなくても、オックスブリッジのチュートリアルの利点を享受することができる、としている[77]。しかしトラスコットの論では、寄宿舎とカレッジが混同して捉えられていると考えられる。寄宿舎とカレッジには、次節第1項で取り上げるように大きな違いがあるのである。

今日の市民大学におけるチュートリアルについて見てみると、例えばリーズ大学では、各学生に個別チューター（personal tutor）がつき、学生の学問的指導と道徳的指導が行われている。チュートリアルの頻度は、1学期に1回程度である。学生は、自身の個別チューターに推薦状を書いてもらうのが一般的である[78]。リーズ大学における授業（module[79]）の中心は講義であるため、講義への出席は必須であり、チュートリアルやセミナーが行われる場合もある[80]。moduleに関する学問的な事柄についてはまず、個別チューターではなく、そのmoduleの教員に聞くべきだとされている[81]。ここから、個別チューターの主な役割は、講義へのサポートというよりもむしろ道徳的指導であることが分かる。

またレディング大学でも、各学生に個別チューターがつき、学生の学問的指導と道徳的指導を行っている。チュートリアルの頻度は1学期に少なくとも1回、そして年に少なくとも4回である。チュートリアルでは、チューターが学生のキャリア開発のサポートをしたり、成績について話し合ったり、就職斡旋や留学の可能性について話したりもする[82]。

以上のことを、第1章で導き出した、オックスブリッジのチュートリアルを形成する4つの要素に照らし合わせて考えると以下のことが言える。今日の市民大学におけるチュートリアルは、ロンドン大学と同じようにオックスブリッジに比べて頻度が低い。4つの要素のうち、②少人数だと言うことはできる。④チューターに学問的指導と道徳的指導が兼ね備えられているという点に関しては、当初は学問的指導に終始して

いたが、今日では両指導が行われている。一方で、ロンドン大学と同様に、市民大学においてもチュートリアルが行われている頻度は低く、また、学問的指導にもあまり重きが置かれていないことから、学問的指導において有効である、①学生主体という要素や、③ソクラテス的要素は弱いと考えられる。

　本節では、チュートリアルがオックスブリッジからロンドン大学・市民大学へどのように伝播したのかを明らかにした。
　チュートリアルの伝播そのものは、ロンドン大学でも市民大学でも、試験機関から教育機関への再編、もしくは大学憲章の授与といった、外的要因によって教授形態の見直しやカリキュラムの再編成の必要性に迫られたことが直接の契機となっていたことが分かった。しかし両大学とも、①元来スコットランドの大学を模倣し、講義を中心的な教授形態としていたこと、②実学系の学問に重点を置いていたため、費用と時間のかかるチュートリアルという教授形態に十分な費用対効果が望めなかったこと、③比較的歴史が浅く十分な財政基盤を持たない両大学においてはチュートリアルを実施する財政的余裕がなかったこと、といった現実的な理由により[83]、1930年代と1960年代に学生からのチュートリアル増加の要望の高まりやUGCからの圧力があったにも関わらず、ついにチュートリアルはこれらの大学における中心的な教授形態にはなりえなかった。
　また、ロンドン大学や市民大学においてはチュートリアルが導入されたものの、導入当初のチューターの役割は学問的指導に限定されたものであった。その理由としては、主に通学制を採用している両大学では、学生の大学での滞在時間が短いため、チューターが道徳的指導を行うことは難しいこと、さらに、道徳的指導は家庭で行うことができるため、大学で行う必要がないと考えられていたことが挙げられる[84]。
　しかし今日では、ロンドン大学、市民大学ともに、チューターには学

問的指導と道徳的指導の両方が兼ね備えられている。ただし、頻度がオックスブリッジのチュートリアルとは大きく異なっており、1学期に1回程度しか行われていないことが明らかとなった。

ここから、オックスブリッジで形成されたチュートリアルの原型は、ロンドン大学・市民大学への伝播において、カレッジ制を採らず通学制を採ったという学校制度上の違い、および財政的理由によって、量的にも機能的にも限定された形に変容したということができる。

そこで次節では、これら両大学とは異なり、オックスブリッジのチュートリアルをより忠実に受容し、教授形態の中心に位置づけた新大学におけるチュートリアルの伝播過程に焦点を当て考察する。

第2節　新大学へのチュートリアルの伝播と変容

1　オックスブリッジから新大学へ──新大学の設立と理念

1960年代〜1970年代にかけて、予想される大学進学者の増加に対応するため、そして科学技術の発展に遅れをとらないためのカリキュラムや教授形態を模索するために[85]、8つの新大学が設立された。新大学として最初に設立されたのはキール大学[86]であり、その後政府は、予想されていた学生数の増加には、既存の大学を拡張させることで対処できると考えていた[87]。しかし、1955年からサセックスにおいて大学設立を望む声が高まり、その声が、新設大学開設の決定権を原則として有するUGCを動かすこととなった[88]。1958年、政府が新大学設置に際して補助金を出すことを発表したため、各地で大学設立への動きが高まった。政府が新大学設置に補助金を出すと決めたのには以下のような理由があった。すなわち、①1960年代〜1970年代に予想された高等教育進学者の増加に対処すること、②科学技術の進歩に対し、大学のカリキュラムと教授形態の改善を図るための実験を行うことであった[89]。こうして、サセックス大学（1961）、ヨーク大学（1963）、イースト・アングリ

ア大学（1963）、エセックス大学（1964）、ランカスター大学（1964）、ウォーリック大学（1965）、ケント大学（1965）の7つの新大学が設立された[90]。

第1節で述べたように、市民大学はいずれも、設立当初は大学としての完全な地位を認められていないユニバーシティ・カレッジであったため、学生をロンドン大学の学外学位取得のために教育し、学位はロンドン大学から授与された。それに対して新大学には、設立当初から大学としての完全な地位が認められており、独自のカリキュラムを編成することが許されたという点が、市民大学と新大学の決定的な違いである[91]。

キール大学ではカレッジにおけるチュートリアルを基盤とし、新しいカリキュラムの提供が試みられた[92]。キール大学の特徴は、①4年制を採用し、基礎学年として設定された1年次に一般教養教育を行うこと、②設立当初から学位授与権が与えられたことであった[93]。①について、基礎学年のカリキュラムは自然科学、社会科学、人文科学の3分野から構成され、全ての学生に必修であった。学生は2年次からは、3分野のどれかを選択し専門的に学ぶこととされた[94]。

新大学の創設が考案された頃、新しい学問分野が開拓され、広範囲にわたる総合的な研究の必要性が出てきていた。そのため、ロンドン大学・市民大学で採用されている、学問分野ごとに細分化した学科制では対応できていないのではないか、という批判があった。つまり、学科主義では対応しきれない変化が起きてきたのであり[95]、新大学には幅広いカリキュラムを提供することが求められたのである。そのため、キール大学は幅広いカリキュラムを提供することを試みたが、これはロンドン大学や市民大学の特徴である学科制とは対照的なものであった[96]。また、キール大学は全寮制を採用し、講義に加え、チュートリアルを重視した[97]。

新大学の特徴は、①設立当初から学位授与権を有し、カリキュラムなどを独自で計画することができたこと、②政府から財源が提供される国立大学であることであった[98]。またUGCは、新大学設立に関して以下のような基本原則を定めた。それらは、①寄宿舎を大幅に取り入れるこ

と、②キール大学の4年制に倣うのではなく[99]、イギリス高等教育において伝統的な3年制を採用すること、③幅広いカリキュラムを持つ、関連学科ごとにまとめられた「スクール」を中心に教育を展開すること、④UGCは政府の資金援助が出る範囲で、資本・運営の両面で新大学を支援すること、⑤UGCは寄宿舎の建設や運営には補助金を出さないこと、などである[100]。

　新大学は、従来のイギリス高等教育の伝統を必要なときには踏襲するが、それ以外は新しい境地を開く権限が与えられた[101]。また、新大学はキール大学の実践から影響を受け、幅広いカリキュラムを提供している[102]。新大学はロンドン大学・市民大学の実践に対して新しい試みを行ったが、その試みとしては、スクール制とカレッジ制の大きく2つに分けられる。

　スクール制とは、似通った学問分野を総合的な形で統合し、幅広いカリキュラムを提供するというもので、サセックス大学において初めて採用された[103]。その後、イースト・アングリア大学、エセックス大学、ウォーリック大学でも、ロンドン大学や市民大学の学科制に対して、柔軟で幅広いカリキュラムを組むためにスクール制が採用された[104]。スクール制を採用した新大学は、幅広いカリキュラムを提供した一方でカレッジ制を採らなかった。UGCはカレッジ制を採らない新大学に対しては、寄宿舎の採用を奨励した[105]。カレッジと寄宿舎は一見、ほとんど違いがないように見える。しかし実際には、寄宿舎はそこに住む学生が夜間だけ利用するのに対し、カレッジはそこに住む学生・教員が1日中利用するだけでなく、昼間はカレッジに住んでいない教員や学生にも教育、研究、食事の用途で利用される。両者にはこのような違いがある[106]。スクール制を採用した新大学は、カレッジ制を採らなかったため、カレッジのチューターによる「学問的指導＋道徳的指導」を行うことができなかった。しかし道徳的チューターを学問的チューターとは別に設定し、オックスブリッジのチューターの機能を分化させることで維持している。

一方でカレッジ制を採用した新大学としては、ヨーク大学、ランカスター大学、ケント大学がある。これらの新大学では、教員と学生を同じカレッジに所属させたが[107]、これは、教員と学生間のコミュニケーションが少ないという、ロンドン大学・市民大学の問題点を解消するためであった[108]。これらの新大学はカレッジ制を採用したために、スクール制を採った新大学とは対照的に、学科主義的になっていった[109]。しかし学科制を採っていても、新大学においては学科主義の弊害を少なくするために次のような工夫がされている。すなわち、学科制を採用した新大学では、1年次に関連科目を選択できる幅広いコースが用意され、2、3年次には主専攻と副専攻を様々な組み合わせによって学ぶことができるのである[110]。

　新大学の中では最後に設立されたケント大学とウォーリック大学では、他の新大学で採用されていた、幅広いカリキュラムを提供するスクール制とカレッジ制の両方を採用することが試みられた。しかし、スクール制とカレッジ制は実際には互いに排他的なものであったため、ケント大学はカレッジ制をより重んじ[111]、ウォーリック大学はスクール制を多少修正した形で取り入れて重んじるようになった[112]。

　このように新大学は、ロンドン大学・市民大学の実践に対して新しい挑戦をしたが、スクール制を採った新大学もカレッジ制を採った新大学も、ロンドン大学・市民大学の特徴を取り入れざるをえなかったと考えられる。しかしその際、カレッジ制を採った新大学では学科主義に陥らないような工夫がされている。一方で、スクール制を採った新大学では、学問的チューターとは別に道徳的チューターを設定し、オックスブリッジのチューターの機能を分化させることで維持している。

2　新大学へのチュートリアルの伝播

　新大学が設立された頃、多くの市民大学では学生から少人数教育を求める声が高まり、教授形態を根本的に改革するため、チュートリアルや

セミナーに力を入れ始めていた[113]。多くの教師は自主的にチュートリアルを取り入れて講義を補完する努力をし[114]、4〜12人の学生に対してチュートリアルが行われたり、セミナーが取り入れられたりしてきていた[115]。しかし依然として、ロンドン大学・市民大学では、教員と学生間のコミュニケーションが少なかった。そして当時イギリスでは、学生数の増加と、それによって教員が学生に十分なサポートができなくなってきたこと、さらには大学の授業への準備ができない学生の増加が注目され始めていた。この問題に対し、教員と学生間のコミュニケーションを増やすことが、解決策として広く受け入れられた。そうすることで教員は学生を個人的に知ることができ、学生も学問的・精神的に困難に陥った場合、そのメッセージを教員に対し早期に出すことができるからである[116]。よって新大学では、カレッジ制を採用して教員と学生間のコミュニケーションを増やしたり[117]、ロンドン大学・市民大学で主流である、講義を主要な教授形態とした学科制を見直したりすることが試みられた[118]。

　どの新大学でも講義は行われてはいるが、その学習時間に占める比率はかなり低い[119]。その一方でチュートリアルなどの少人数教育が重んじられており、セミナーも採用されている[120]。ロビンズ委員会[121]とヘイル委員会[122]はチュートリアルの拡充にきわめて好意的であり、ほとんどの新大学[123]も少人数教育を重視し、その拡充に努めた[124]。少人数教育の規模について見てみると、例えばケント大学では、教員対学生比が1対1〜2のチュートリアルと、セミナー、講義が行われている[125]。サセックス大学では、教員対学生比が1対2のチュートリアルを教育形態の基本とし、よりソクラテス的な教育方法を必要とする文科系のスクールにおいては、チュートリアルを堅持した[126]。理科系のスクールでは、講義に加え、それを補完するものとして1対4〜6のセミナーが取り入れられた[127]。今日のサセックス大学においては、講義、1対2〜3のチュートリアル、1対6〜12のセミナーが行われており、当初よりも少し規

模が大きくなっていると言える。それでもチュートリアルはなお、大学教育の中で不可欠なものとして位置づけられている[128]。また、ヨーク大学においては、主要な教授形態は講義であるが、化学分野ではチュートリアルが週1回行われている[129]。

オックスブリッジにおいてチューターが学生に対して行ってきた「学問的指導＋道徳的指導」は、新大学においても取り入れられた[130]。新大学では、教員と学生のコミュニケーションを増やす努力がなされ、「道徳的チューター」の概念が広く導入されており、大半の教員に道徳的チューターとなることが求められ奨励されている[131]。

ほとんどの新大学で、各学生に学問的指導を行う教員が充てられ、それらの教員は、チューター、スーパーバイザー、アドバイザーなどと呼ばれる。キール大学ではジェネラル・チューター（general tutor）が、学生の学業とその進歩過程を見守る学問的指導と、個人的な問題を抱えた場合の道徳的指導の両指導を行う。サセックス大学やウォーリック大学の個別チューター（personal tutor）、ヨーク大学の道徳的チューター、ケント大学やランカスター大学のチューター、エセックス大学のアドバイザーも、キール大学のジェネラル・チューターと同様に、学生に対して「学問的指導＋道徳的指導」を行っている[132]。ただ、道徳的チューターが、学問的指導をどのくらい併せ持つか、その程度が大学によって異なっている。スクール制を採用している新大学では、学生が所属しているスクールの教員が道徳的チューターとなる。一方で、カレッジ制を採用している新大学では、学生と同じカレッジに所属している教員が道徳的チューターとなる[133]。ヨーク大学の学生にはスーパーバイザーもついており、学問的指導が行われる[134]。また教員と会う頻度についても、大学間で違いが見られる。例えばイースト・アングリア大学においては、学生がアドバイザーと会うのは少なくとも年に3回とされており[135]、ケント大学においては、学生がアカデミック・アドバイザーと会うのは年に2回である[136]。ここから、新大学の中にも、ロンドン大学・市民大学と

同じようなチュートリアルの頻度になってきている大学があることが分かる。これらのことを合わせて考えると、新大学の中でチュートリアルの機能が二極化していると言える。すなわち、チューターの2つの機能である学問的指導と道徳的指導のどちらを主として捉えるかで、チュートリアルの機能や位置づけが変わってきているということである。

　以上のことを、第1章で導き出した、オックスブリッジのチュートリアルを形成する4つの要素に照らし合わせてみると、新大学のチュートリアルは②少人数制だということはできる。④チューターに学問的指導と道徳的指導が兼ね備えられているという点に関しては、新大学では、チューターの道徳的指導という側面が積極的に取り入れられた。その導入には、当時ロンドン大学・市民大学において教員と学生間のコミュニケーションが少なく、そのことを問題視する学生からの声が大きかったという[137]、当時の社会的背景も反映されていた。チューターの道徳的指導という機能は、スクール制を採った新大学においても、カレッジ制を採った新大学においても重視された。カレッジ制（＋学科制）を採った新大学においては、創設当時はチューターの役割に、学問的指導と道徳的指導が兼ね備えられていた。一方でスクール制（＋寄宿舎制）を採った新大学においては、学問的指導を行うチューターには道徳的指導という要素が弱かったが、別に道徳的チューターを設けることで、学生の道徳的指導という側面を補っていた。今日では、新大学において全体的に、学問的指導と道徳的指導を兼ね備えるチューター（あるいは個別チューター、スーパーバイザー、アドバイザー）が置かれていることが多い。例えばウォーリック大学における個別チューターは、入学して間もない学生が大学生活に慣れるためのサポートをしたり、勉強に関する悩みを抱えた学生の相談に乗ったりする。しかしチュートリアルが行われる頻度が、ロンドン大学・市民大学のそれに近くなってきている。一方で、当初のチュートリアルのスタイルを堅持し、チュートリアルを大学教育の中心に位置づけ、学問的指導に重きを置いたチュートリアルを行っている大

学もある。それらの大学では、学生の道徳的指導の要素は分化され、別に個別チューター等を設けることで補われている。①学生主体と③ソクラテス的要素については、チュートリアルを大学の教授形態の主要なものに位置づけ、そのスタイルを貫いている新大学においては、①学生主体のチュートリアルが行われている。また、③ソクラテス的要素についても、文系のスクールにおいて一部継承されている。しかし今日では、ロンドン大学・新大学と同様に、低い頻度でしかチュートリアルが行われていない新大学も多く、それらの大学では学問的指導というよりもむしろ、大学でスムーズに学べるようにするための道徳的指導が行われている。そのため、それらの新大学におけるチュートリアルでは、学問的指導において有効である、①学生主体という要素や、③ソクラテス的要素は弱いと言える。

　本節では、新大学へのチュートリアルの伝播過程について明らかにした。新大学への伝播の特徴は、大学設立当初から、政府によって奨励されたオックスブリッジのチュートリアルが主要な教授形態として導入されたことである[138]。この点において、外的要因により途中でチュートリアルを導入したロンドン大学・市民大学とは異なっている。また、ロンドン大学・市民大学では財政的な理由によりチュートリアルの維持・普及が滞っていたが、国立大学として設立された新大学の場合、財政的なサポートがあったことも、チュートリアルの維持・普及を促進した一因であると考えられる。

　新大学へのチュートリアルの伝播がオックスブリッジのスタイルを比較的継承したものであった理由は、①新大学の約半数でカレッジ制が採られたため、②カレッジ制を採らなかった新大学においても、チューターの役割を分化して道徳的指導を行ったためであると考えられる。

第3節　イギリス国内におけるチュートリアルの要素の変容

　ここまで、本章ではチュートリアルの伝播に注目し歴史的アプローチによる分析を行ってきた。そして、第1章で導き出した、チュートリアルを形成する4つの要素のうち、19世紀以降に設立されたイギリスの大学に継承されたものと、継承されなかったもの、さらには伝播の過程で変容したものを明らかにし、その背景について考察した。

　第1節と第2節では、オックスブリッジで形作られたチュートリアルの原型が、19世紀以降どのようにしてイギリス国内の他大学に伝播し、変容したのかについて明らかにし、第1章で定義したチュートリアルを形成する要素が他大学に継承されているか、あるいは変容しているかについて明らかにした。

　まず第1節では、オックスブリッジからロンドン大学・市民大学へのチュートリアルの伝播について考察した。ロンドン大学・市民大学は、両大学設立の際にはチュートリアルを導入しなかったが、その後、外的要因により必要に迫られ導入されたことが分かった。しかし両大学ともに講義を主要な教授形態としていたこと、実学系の学問に重点を置いていたこと、また十分な財政基盤を持たなかったことなどの現実的な理由により、学生やUGCからの圧力があったにも関わらず、ついにチュートリアルはこれらの大学における中心的な教授形態とはなりえなかったことが分かった。

　続く第2節では、オックスブリッジのチュートリアルを教授形態の中心に位置づけた新大学へのチュートリアルの伝播について考察した。新大学への伝播の特徴は、オックスブリッジのチュートリアルが政府によって奨励され、設立当初から主要な教授形態として導入されたこと、国立大学として設立されたため財政面でのサポートがあったことであった。さらに新大学では、チューターの機能を分化させるなどして、学生への学問的指導に加え、チューターの道徳的指導という側面が積極的に導入されていることが明らかとなった。

第1章では、オックスブリッジのチュートリアルを形成する4つの要素である、①学生主体、②少人数制、③ソクラテス的要素が含まれること、④チューターに学問的指導と道徳的指導が兼ね備えられていることを導き出したが、それらの要素は伝播の際に、ロンドン大学・市民大学と新大学の両者に受け継がれたものと、一方だけに受け継がれたものがあった。

　②少人数制という要素は、ロンドン大学・市民大学と、新大学の両者に受け継がれていると言える。④チューターが学問的指導と道徳的指導を兼ね備えているという要素は、ロンドン大学・市民大学では伝播当初は継承されていなかったが、今日では全ての学生に個別チューターがつき、学問的指導と道徳的指導の両指導が行われている。つまり、ロンドン大学・市民大学へは伝播の際にチューターの機能が学問的指導に偏るという変容が見られたが、その後、チューターが両指導を行うチュートリアルの原型へと戻ってきている。ただし、チュートリアルの頻度がオックスブリッジのそれに比べて低く、また両指導が行われてはいるものの、道徳的指導の要素が強くなってきているという特徴が見られる。一方で、新大学では伝播当初は、カレッジ制を採った新大学では両指導が兼ね備えられていることが多く、スクール制を採った新大学においても、チューターの機能を分化させることで両指導が行われていた。今日では、全体的にチューターに両指導が兼ね備えられている新大学が増えてきている。ただし、それらの新大学におけるチュートリアルは、ロンドン大学・市民大学と同じく、オックスブリッジに比べて頻度が低い。一方で、チュートリアルを教授形態の中心に位置づけ、学問的指導を主としたチュートリアルを行っている新大学では、道徳的指導の要素は、別に個別チューターを設定することで補われており、両機能は分化され維持されている。

　①学生主体と、③ソクラテス的要素については、ロンドン大学・市民大学ではチュートリアルは頻度が低く、また学問的指導にあまり重きが

置かれていないことから、学問的指導において有効な①学生主体という要素や、③ソクラテス的要素は弱いと言える。新大学においても、ロンドン大学・市民大学と同じくらいの頻度でしかチュートリアルを行っていない新大学では、①学生主体や、③ソクラテス的要素は同様に弱いと言える。一方でチュートリアルを教授形態の主要なものとして位置づけ、学問的指導に重きを置いたチュートリアルを行っている新大学においては、①学生主体の要素は継承されており、③ソクラテス的要素についても、文系のスクールにおいて一部受け継がれている。

　チュートリアル伝播当初の、ロンドン大学・市民大学と、新大学の違いは、新大学ではカレッジ制を採らなければ抜け落ちてしまうチューターの道徳的指導という側面を、スクール制を採った新大学においてもチューターの機能を分化させることで維持していたのに対して、ロンドン大学・市民大学では、学生の規模が大きいこともあり、学問的指導だけを行うスタイルに変容したことであった。ここに、1960年代の社会的背景を考慮して設立された新大学と、19世紀から存在し、体質の変化に時間のかかるロンドン大学・市民大学との違いが見られた。今日では、ロンドン大学・市民大学でもチューターの道徳的指導という要素が見直され、個別チューターが学問的指導と道徳的指導を併せ持つというように変容してきている。一方、新大学では、学問的指導と道徳的指導を併せ持つ個別チューターを設定している大学が多く見られる中で、チューターの機能分化が進んでいる大学もあることが明らかとなった。

注

1　成田克矢「イギリスの大学改革」大学改革研究会編『世界の大学改革』亜紀書房、1969年、49頁。
2　現在のユニバーシティ・カレッジ・ロンドンは設立当初、ロンドン大学と呼ばれていた。このカレッジの設立時に、オックスブリッジ勢力が妨害したため、大学憲章は授与されなかった。その後、ロンドン大学（後のユニバーシティ・カレッジ・ロンドン）に対抗するものとしてキング

ス・カレッジ・ロンドンが創設された結果、1836年に両者が統合されロンドン大学となり、大学憲章が授与された。それまでロンドン大学と呼ばれていたものは、ユニバーシティ・カレッジ・ロンドンと改名された。(http://www.ucl.ac.uk/about-ucl/history/landmarks 2006/10/20 アクセス確認)

3　Bellot, H. H., *University College, London.* University of London Press, 1929, p.47.
4　Foster, G. C., "Outline of the History of University College", *University of London, University College Calendar.* Taylor and Francis, 1907, pp.xix-xxviii.
5　Bellot, H. H. (1929) *op.cit.,* p.47.
6　*Ibid.,* p.52.
7　*Ibid.,* p.79.
8　ベロー（Bellot）によると、学生の宗教的指導は家庭で行われるべきものとされた。(*Ibid., p.*56.)
9　ベローによると、ユニバーシティ・カレッジ・ロンドンの設立当初、27人いた教授のうち12人がスコットランドで訓練を受け、4人がヨーロッパ大陸で学んだ経験を持っていた。さらに、6人が20代、21人が30代という、年齢層の若い教授陣であった。(*Ibid., p*p.46-47.)
10　Foster, G. C. (1907) *op.cit.,* p.xxv.
11　*Ibid.,* p.xxv.
12　ベローによると、医学部の学生が1番早く、教授と親しい関係をつくり上げた。学生は教授から毎週、そして後には毎月招待を受け、紅茶とお菓子を食べながら、教育的な会話をした。(Bellot, H. H. (1929) op.*cit., p.*181.)
13　キングス・カレッジ・ロンドンには1831年、ユニバーシティ・カレッジ・ロンドンよりも先に大学憲章が授与された。(http://www.ucl.ac.uk/about-ucl/history/landmarks 2006/10/20 アクセス確認)
14　Berdahl, O. R., *British Universities and the State.* Arno Press, 1959, p.24.
15　*Ibid.*
16　*Ibid.*
17　沢田徹編『主要国の高等教育－現状と改革の方向－』第一法規、1970年、178頁。
18　Berdahl, O. R. (1959) *op.cit.,* p.25.
19　Bellot, H. H. (1929) *op.cit.,* p.250.
20　*Ibid.,* p.252.
21　*Ibid.,* pp.250-251.
　　ロンドン大学の教授には、オックスブリッジでチューターを経験した

者もいた。例えば、テイラー（Taylor, T.）は 1840 年にケンブリッジ大学の学位取得後、プライベート・チューターの経験を経て、1845 年からロンドン大学で教えるようになった。(Ib*id., p.*258)

22　*Ibid.*, p.303.
23　Negley, H., *The University of London 1836-1986: an illustrated history*. Athlone Press, 1986, p.104.
24　*Ibid.*
25　*Ibid.*, pp.137-138.
26　*Ibid.*
27　*Ibid.*, pp.140-141.
28　*Ibid.*, pp.144-146.
29　Foster, G. C.（1907）*op.cit.*, pp.xxvi-xxvii.
30　Negley, H.（1986）*op.cit.*, p.142.
31　Foster, G. C.（1907）*op.cit., p.*xxvii.
32　"Expansion: the birth of distance learning and the establishment of the 'Teaching University' "（http://www.london.ac.uk/history.html 2006/09/25 アクセス確認）
33　Foster, G. C.（1907）*op.cit.*, p.xxvii.
34　Bellot, H. H.（1929）*op.cit.*, p.414.
35　Berdahl, O.（1959）*op.cit.*, p.44.
36　Bellot, H. H.（1929）*op.cit.*, p.400.
37　*Ibid.*, p.406.
　　ユニバーシティ・カレッジ・ロンドンにおける学生の在籍数は、1900 年度には 1,098 人だったが、1925 年度には 2,426 人に増加した。
38　Foster, G. C.（1907）*op.cit.*. pp.xxvi-xxvii.
39　University College, University of London, *Calendar*. Taylor and Francis, 1928, p.cxx.
40　キングス・カレッジ・ロンドンは前述のように、ユニバーシティ・カレッジ・ロンドンを模倣してカリキュラムを組んだため、両カレッジはとても似通ったカリキュラムを提供している。そのため本論文ではキングス・カレッジ・ロンドンを対象に分析を行った。
41　"Tutorial System", University College London, Home.
　　（http://www.ucl.ac.uk/history/undergraduate/current-undergraduates/academic-support/tutorial 2015/11/12 アクセス確認）
42　"The Personal Tutors' Handbook", UCL Centre for the advancement of learning and teaching, 2015.
　　（https://www.ucl.ac.uk/personaltutors/documents/PT_Staff_

Handbook_2015-16__final_.pdf 2015/11/12 アクセス確認）

43　"Computer Science Tutorials (Guidelines agreed at the Departmental Teaching Committee Meeting in May 2010)", Department of Computer Science.
　（http://www0.cs.ucl.ac.uk/teaching/CS_Tutorials.pdf 2015/11/30 アクセス確認）

44　Berdahl, O. (1959) *op.cit.*, p.21.

45　*Ibid.*

46　"Origins", About the University, University of Leeds. (http://www.leeds.ac.uk/about/origins.htm 2006/10/20 アクセス確認）
　またアーミティジ（Armytage）によると、このことで、19世紀初頭からのオックスブリッジにおける大学改革は不十分であったことが明らかとなった。（Armytage, W. H. G., *Civic Universities*. Arno Press, 1955, p.219.）

47　Berdahl, O. (1959) *op.cit.*, p.41.

48　*Ibid.*, pp.41-42.
　これらの中には、オックスブリッジの大学拡張運動の拠点であったものが、カレッジに発展したものもあった。なお、大学拡張運動とは、1870年代のケンブリッジ大学に端を発しており、大学の講師が地方都市を回りながらその土地の人々に講義を行うというものであった。オックスフォード大学も1878年から同様の活動を始めた。（安原義仁「大学拡張講義の講師たち」松塚修三他編『国家・共同体・教師の戦略』昭和堂、2006年、313～315頁。）また、サンダーソンによると、当初この講義を受けたのは労働者や中流階級の女性達であった。大学拡張運動は特に、シェフィールド、ノッティンガム、レディングで盛んであった。（サンダーソン, M.（安原義仁訳）『イギリスの大学改革－1809-1914－』玉川大学出版部、2003年、127頁。）

49　Jones, R. D., *The Origins of Civic Universities*. Routledge, 1988, p.45.

50　沢田徹編、前掲書、1970年、136頁。

51　Jones, R. D. (1988) *op.cit.*, p.15.

52　ジョーンズ（Jones）によるとオーウェンズ・カレッジでは当初講義を行う教授（professor）だけで教員集団を構成し、設立後数年はチューターを任命しなかったという。(Ibid.)

53　*Ibid.*

54　*Ibid.*, p.16.

55　*Ibid.*

56　Berdahl, O. (1959) *op.cit.*, p.44.

57　Truscot, B., *RedBrick*［*i.e. Red Brick*］*University*. Faber, 1943, p.28.

58 バーダールによると、イギリスの大学在籍者数は1913年度には21,000人であったが、1919年度には33,000人に増加した。(Berdahl, O. (1959) op.*cit., p.*57.)
59 *Ibid.*, pp.57-58.
60 *Ibid.*, p.66.
61 沢田徹編、前掲書、1970年、197～198頁。
   その後1964年から、UGCは教育・科学大臣の所管となった。(同上書、203頁)
62 Berdahl, O. (1959) *op.cit.*, p.47.
63 Truscot, B. (1943) *op.cit.*, p.95.
64 University Grants Committee, *Report of the Committee on University Teaching Methods.* 1964, p.47.
65 サンダーソンによると、最初の学生自治会は1884年にスコットランドのエディンバラ大学で発足した。発足の理由は、学生の代表として教授陣と交渉を行うためであった。その後、イングランドの大学にも普及した。1891年にヨークシャー・カレッジ（後のリーズ大学）、1893年にユニバーシティ・カレッジ・ロンドンでそれぞれ学生自治会が発足し、1900年代には多くの市民大学が、学生の大学運営への参加を認めた。しかし、各大学の学生自治会を全国規模でまとめる動きは、第一次世界大戦以前にはなかった。(サンダーソン, M.、前掲書、2003年、133～134頁。)
66 Truscot, B. (1943) *op.cit.*, p.86.
   1937年にサウサンプトンで行われた会議による。なお市民大学においては講義で出席が取られ、試験を受けるためには75～80％の出席率が求められた。(Ibid., *p*p.86-87.)
67 Armytage, W. H. G. (1955) *op.cit.*, p.275.
68 Truscot, B. (1943) *op.cit.*, p.85.
69 *Ibid.*, p.86.
70 University Grants Committee, *University Development—Report on the years 1947 to 1952.* 1953, p.11, p.17.
71 *Ibid.*, p.35.
   なお、ローラーによると、その後1960年の時点でもイギリスでは教員対学生比が1対8であった。ちなみに諸外国の同年における比率は、スウェーデンでは1対12、ソビエト連邦（現ロシア）では1対12、アメリカでは1対13、オランダでは1対14、フランスでは1対30、西ドイツでは1対35であった。なお、フランスと西ドイツにおいては講座制がとられていた。(ローラー, J. 編（上村達雄訳）『新しい大学』時事通信社、1970年、51頁。)

72 University Grants Committee（1953）*op.cit.*, p.47.
73 University Grants Committee（1964）*op.cit.*, pp.45-47.
74 *Ibid.*, p.127.
75 *Ibid.*, p.47.
　しかし、トラスコットによると、全ての学生にチュートリアルを行うとなると、時間的な問題が出てくる。そこで考えられる代替案は以下の2つである。①一連のコース修了後にチュートリアルを行う、②講義のすぐ後に大学院生によるチュートリアルを行うというものである。（Truscot, B.（1943）op.*cit., p.*98.）なお、②のスタイルは、今日のオーストラリアにおける、一般的なチュートリアルの実践で多く見られる。詳しくは第4章第1節で述べる。
76 *Ibid.*, p.127.
77 *Ibid.*, p.26.
78 "Leeds for Life & Personal Tutorials", Student Support Guide, Faculty of Biological Sciences, University of Leeds.（http://www.fbs.leeds.ac.uk/student_support_guide/leedsforlife.php 2015/11/30 アクセス確認）
79 市民大学の1つであるシェフィールド大学によると、モジュール（module）とは学部レベルのコースのことである。シェフィールド大学では、1つの module が 10 単位か 20 単位に相当する。1学期間に 40 単位〜60 単位の間で（1年間に 100 単位〜120 単位の間で）、モジュールをとることができる。（"Understanding the module system", University of Sheffield. http://www.sheffield.ac.uk/studyabroad/overseas/prospective/modules 2015/11/30 アクセス確認）
80 "Timetable & Module Information", Student Support Guide, Faculty of Biological Sciences, University of Leeds.（http://www.fbs.leeds.ac.uk/student_support_guide/timetables.php 2015/11/30 アクセス確認）
81 "Leeds for Life & Personal Tutorials", Student Support Guide, Faculty of Biological Sciences, University of Leeds.（http://www.fbs.leeds.ac.uk/student_support_guide/leedsforlife.php 2015/11/30 アクセス確認）
82 "Role of the Personal Tutor", University of Reading.（http://www.reading.ac.uk/internal/personaltutor/Role/pt-RoleofthePersonalTutor.aspx 2015/11/30 アクセス確認）
83 沢田徹編、前掲書、1970 年、166 頁。
84 Truscot, B.（1943）*op.cit.*, p.26.
85 沢田徹編、前掲書、1970 年、137 頁。
86 1949 年にノース・スタフォードシャー・ユニバーシティ・カレッジとして設立され、1962 年にキール大学となった。

87 沢田徹編、前掲書、1970 年、237 頁。
88 ロス, G. M. 編（原芳男 共訳）『ニュー・ユニバーシティ―イギリス型の大学創造―』東京大学出版会、1970 年、20 頁。
89 沢田徹編、前掲書、1970 年、238 頁。
90 ローラー, J. 編、前掲書、1970 年、68 頁。
　かっこ内は学生を最初に受け入れた年である。なお、1963 年に出された「ロビンズ報告」（Robbins Report）では、ただちに 6 大学を新設することが勧告されたが、設立への動きはそれ以前から高まっており、実際にいくつかの新大学はこの報告以前、あるいはほぼ同時期に設立された。（同上）
91 ロス, G. M. 編、前掲書、1970 年、21 〜 22 頁、41 頁。
92 "Oxford DNB article: Lindsay, Alexander Dunlop"（http://www.oxforddnb.com/public/articles 2006/10/03 アクセス確認）
93 沢田徹編、前掲書、1970 年、137 頁。
94 成田克矢、前掲書、1969 年、72 頁。
　学生は 2 年次からも主要科目と補助科目を組み合わせて履修するため、従来の学科制のように、ある学科を選べば他の学科はまったく学ばなくなるということはない。（同上）
95 同上書、69 〜 70 頁。
96 同上書、69 頁。
97 沢田徹編、前掲書、1970 年、240 〜 241 頁。
　なお、ローラーによると、キール大学のカリキュラムについては、2 年次からの専門課程に入る前に、基礎学年において複雑な問題を取り上げ、高度な説明を加えることへの批判もある。（ローラー, J. 編、前掲書、1970 年、152 頁。）
98 パーキン, J. H.（新堀通也監訳）『イギリスの新大学』東京大学出版会、1970 年、4 頁。
99 沢田編によると、キール大学の例から、4 年制は経費がかかりすぎることが明らかになったため、UGC には受け入れられず、他の新大学では採用されなかった。（沢田徹編、前掲書、1970 年、241 頁。）
100 ローラー, J. 編、前掲書、1970 年、46 頁。
101 同上書、38 頁。
102 成田によると、例えば、サセックス大学では 1 年生の 1 学期から文系と理系に分かれ、1 年次の 3 学期からは専門課程に入るが、そこで学生は主要教科と関連教科を組み合わせて履修する。また、ウォーリック大学では、設立当初はキール大学のように共通の基礎課程を設定していたが、1967 年からは専門的な要素を加え、学生の希望する専門課程に応

じ、特定の教科を重点的に学べるよう修正された。（成田克矢、前掲書、1969 年、73 頁。）
103 パーキン, J. H.（有本章他編訳）『イギリス高等教育と専門職社会』玉川大学出版部、1998 年、122 頁。
　パーキンによると、スクール制を採った大学では、学生に共通の知的基盤を与えるために、例えば「ヨーロッパ精神」、「社会科学の概念、方法と価値」「物質の科学」などの総合コースが設けられた。この他にも、人文学専攻の学生が受講するための「文系の科学」や、科学専攻の学生が受講するための「理系の人文学」などのコースが設けられたが、これは他スクールの学生が学んでいることについて、概括的に理解させるためであったという。（同上）
104 パーキンによると、これは極度の専門化を避けるためであった。（パーキン, J. H.、前掲書、1970 年、112 頁。）ロスによると、スクール制を採った新大学の 1 つであるイースト・アングリア大学では、学部生には学生が選択した専門を教えるばかりでなく、関連諸学科の基本的な考え方を理解させ、学生の知識と理解力の範囲が、教養ある人間として十分な広さを持ったものであることを保証する義務があるとされた、という。（ロス, G. M. 編、前掲書、1970 年、70 頁）また、沢田によると、幅広いカリキュラムを組んだ新大学の教育組織は**表 2-4** ようになっている。なおスクールとは、学問分野を大きく分類したものである。（沢田徹編、前掲書、1970 年、241〜243 頁。）

表 2-4　スクール制を採用した新大学

新大学	スクール	学問分野
サセックス大学	文科系スクール	…アフリカ・アジア研究、社会科学研究、英米研究、ヨーロッパ研究、文化・社会研究
	理科系スクール	…応用科学、生物科学、数学・物理科学、分子科学
イースト・アングリア大学	ユニバーシティ・プレイン	…生物科学スクール、化学科学スクール、英米研究スクール、社会研究スクール
	ユニバーシティ・ビレッジ	…環境科学スクール、美術・音楽スクール、数学・物理学スクール
エセックス大学	1 年次	…比較研究スクール、社会研究スクール、数学研究スクール、物理科学スクール
	2, 3 年次	…美術学、文学、政治学、社会学、経済学、数学、物理学、化学、電子工学
ウォーリック大学		文科系スクール、社会学科スクール、自然科学スクール

出所）沢田編、1970 年、241〜243 頁をもとに筆者作成。

105 沢田によると、例えば、エセックス大学では Residential and Study-Room Tower と呼ばれる寄宿舎があり、昼間は、寄宿舎に住んでいない学生に対しても学習スペースを提供している。14 階建てのこの寄宿舎には各フロアに 13 〜 14 の部屋があり、そのうち 4 〜 5 部屋が、寄宿舎に住んでいない学生の学習室（study rooms）として提供される。また、寄宿舎に住んでいない学生も使いやすいように、大学の中心部に建てられている。（同上書、247 頁。）

106 なお、パーキンによると、ケント大学の副学長は、カレッジに宿泊施設と学問的施設を兼ね備えたことで、経済的になったとしている。（パーキン , J. H.、前掲書、1970 年、119 頁。）

107 同上書、114 〜 115 頁。
　新大学の中で、ヨーク、ランカスター、ケントの 3 大学はカレッジ制を採用しているが、新大学のカレッジ設立の目的は、教員と学生にコミュニケーションの場を提供することであった。沢田編によると、これらの新大学はそれぞれ 4 〜 5 つのカレッジから組織され、教育形態はオックスブリッジに近いものになっており、学生の生活はチュートリアルによる指導を中心に展開されている。しかし、これらの新大学におけるカレッジは、①財政的に全学から独立していない、②カレッジの教員の任命を、カレッジではなく全学が行う、という点でオックスブリッジと異なっているという。（沢田徹編、前掲書、1970 年、246 頁。）

108 沢田編によると、カレッジ制を採用した新大学の教育組織は**表 2-5** のようになっている。（同上書、241 〜 243 頁。）また、パーキンによると、ランカスター大学では学科をまとめたボードというものが設けられてはいるが、実際には学科制と区別しがたいという。（パーキン , J. H.、前掲書、1970 年、116 頁。）

表 2-5　学科制を採用した新大学

新大学	学部／ボード	学科
ヨーク大学	（ボードに分けられていない）	生物学、化学、国文学、歴史学、言語学、数学、音楽、哲学、物理学、政治学、経済学、社会学
ランカスター大学	ボード A	…生物科学、化学、環境科学、物理学
	ボード B	…組織行動科学、コンピュータ研究、経済学、工学、財政管理学、マーケティング、数学、オペレーション研究、システム工学
	ボード C	…教育研究、歴史学、哲学、政治学、宗教研究、社会学
	ボード D	…古典学、国語学、フランス研究、音楽、ロシア・ソビエト研究
ケント大学	人文学部	…古典研究、英米文学、フランス語学、ドイツ語学、歴史学、イタリア語学、哲学、神学
	自然科学部	…化学、電子学、数学、物理学
	社会科学部	…会計学、経済社会統計学、経済・社会史学、経済学、法学、政治学、社会学

出所）沢田編、1970 年、241 ～ 243 頁をもとに筆者作成。

109　パーキン，J. H.、前掲書、1970 年、112 頁。
110　パーキン，J. H.、前掲書、1998 年、122 頁。
111　パーキン，J. H.、前掲書、1970 年、111 ～ 112 頁。
112　パーキン，J. H.、前掲書、1998 年、122 頁。
113　同上書、257 頁。
114　同上書、123 頁。
115　沢田徹編、前掲書、1970 年、166 頁。
116　パーキン，J. H.、前掲書、1970 年、310 ～ 311 頁。
117　カレッジ制を採用したヨーク大学において構想されたカレッジの理念は、イギリスの大学教育に見られる 2 つの大きな伝統的要素の融合を目指すものであった。すなわち、1 つは、緊密な人間関係と信頼関係を与えることで、もう 1 つは、学部や教科の重要性を配慮したことである。また教員の選定にあたっては、チュートリアルとカレッジ制の重要性に大きな共感を持つ人々を選ぶよう、あらゆる努力がされた。（ロス，G. M. 編、前掲書、1970 年、46 頁、55 頁）
118　パーキン，J. H.、前掲書、1970 年、111 頁。
119　沢田徹編、前掲書、1970 年、240 頁。
120　同上書、239 ～ 240 頁。
121　成田によると、ロビンズ委員会とは、1961 年に首相の任命によって設けられた、ロビンズ卿を委員長とする高等教育の諮問委員会である。

1963 年にイギリス高等教育の長期発展目標を立て、報告した。（成田克矢、前掲書、1969 年、58 頁。）
122　ヘイル委員会とは、イギリス高等教育における教授形態について調査した委員会であり、1964 年に前述の *Report of the Committee on University Teaching Methods* という報告書を出した。
123　キール大学を除く。
124　パーキン, J. H.、前掲書、1970 年、257 頁。
125　同上書、258 頁。
　チュートリアルなどディスカッション中心の授業は、学生からは支持する声が大きいが、以下のような批判もある。ロビンズ委員会とヘイル委員会によると、ディスカッション中心の授業は、ある教科の基礎的な内容を繰り返すことに多くの時間をかけなければいけない場合には、教員の時間の無駄になってしまうということである。(University Grants Committee (1964) op.*cit.*, p.67.)
126　パーキン, J. H.、前掲書、1998 年、123 頁。
127　同上。
128　"Academics", University of Sussex, Brighton.（http://dornsife.usc.edu/uk-sussex/ 2015/12/3 アクセス確認）
129　"Tutorials and personal supervision", Department of Chemistry, University of York.（http://www.york.ac.uk/chemistry/undergraduate/teaching/tutorials/ 2015/12/3 アクセス確認）
130　パーキン, J. H.、前掲書、1970 年、255 〜 256 頁。
131　同上書、311 頁、313 頁。
132　当時の新大学におけるチューターについて、スクール制を採用した新大学とカレッジ制を採用した新大学では、次の**表 2-6** のような違いが見られる。

表 2-6　新大学設立当時のチューターの役割と機能

スクール制（＋寄宿舎制）	（学科制＋）カレッジ制
サセックス大学 個別チューター（学問的指導＋道徳的指導） 道徳的チューター	ヨーク大学 スーパーバイザー（学問的指導） 道徳的チューター（道徳的指導＋学問的指導）
イースト・アングリア大学 道徳的チューター	ランカスター大学 チューター（学問的指導＋道徳的指導）
エセックス大学 アドバイザー（学問的指導＋道徳的指導） 道徳的チューター	ケント大学 チューター（学問的指導＋道徳的指導）
ウォーリック大学 個別チューター（学問的指導＋道徳的指導） 道徳的チューター	

出所）パーキン、1970 年、312 頁をもとに筆者作成。

133　ヨーク大学では、教師は全員、かれらが所属するカレッジに部屋を持っており、そこで個人指導が行われる。（ロス, G. M. 編、前掲書、1970 年、46 頁。）

134　パーキン, J. H.、前掲書、1970 年、312 〜 313 頁。

　なお、新大学におけるチュートリアルの現状は次の **表 2-7** の通りである。新大学設立当初の表 2-6 と比較すると、まず、スクール制を採ったイースト・アングリア大学ではチューターの機能が分化している。また、ウォーリック大学では設立当初は分化していたチューターの機能が 1 つにまとめられ、カレッジ制寄りのスタイルになってきている。これはウォーリック大学が設立当初、スクール制とカレッジ制の両方を採用しようとしていたことにその要因があると考えられる。一方、ウォーリック大学と同じようにスクール制とカレッジ制の両方を採用しようとしたケント大学では、設立当初は 1 つにまとめられていたチューターの機能が分化している。つまり、スクール制とカレッジ制のはざまで揺れていた 2 つの新大学は、チューターの機能を 1 つにまとめるか、それとも分化させるのか、というところでも揺れていると考えられる。一方で、大学としての形が整い、人員も配置され、整備が進むにつれて、新大学は全体的にチューターの機能分化が進んでいると言える。

表 2-7 新大学における現在のチューターの役割と機能

スクール制（＋寄宿舎制）	カレッジ制（＋学科制）
サセックス大学 チューター（学問的指導） 個別チューター	ヨーク大学 スーパーバイザー（学問的指導＋道徳的指導） カレッジ・チューター（道徳的指導）
イースト・アングリア大学 アドバイザー（学問の指導＋道徳的指導）	ランカスター大学 チューター（学問的指導＋道徳的指導）
エセックス大学 個別チューター（道徳的指導）	ケント大学 アカデミック・アドバイザー（学問的指導） 学生サポート・アドバイザー（道徳的指導）
ウォーリック大学 個別チューター（学問的指導＋道徳的指導）	

出所）各大学の HP をもとに筆者作成。

135 "UEA Advising System information for students", UEA.（https://portal.uea.ac.uk/learning-and-teaching/students/getting-started/adviser 2015/12/4 アクセス確認）

136 "Your Academic Adviser", The Personal Academic Support System (PASS), School of Psychology, University of Kent.（http://www.kent.ac.uk/psychology/support/ 2015/12/4 アクセス確認）

137 University Grants Committee (1964) *op.cit.*, p.45.

138 パーキン, J. H.、前掲書、1970 年、255 〜 257 頁。

第3章　イギリスからオーストラリアへの
チュートリアルの伝播と変容

　本章では、チュートリアルがイギリスという国を越えて、その植民地であったオーストラリアへ、どのように伝播し変容していったかについて見ていく。第1節では、オーストラリアにおける大学の興りについて見る。第2節では、チュートリアルがオーストラリアの大学に伝播することとなった背景にいる人物に焦点を当てて論を進める。第3節では、それがオーストラリアの他大学に広がっていくきっかけとなった人物らに着目し、オーストラリア国内でのチュートリアルの広がりを考察する。

第1節　オーストラリアにおける大学の興り

1　シドニー大学の創設——ロンドン大学モデルからの出発

　イギリスからオーストラリアへ入植が始まったのは1788年であり、約60年後の1850年に、最初の大学であるシドニー大学が創設された。続いて、植民地である間にメルボルン大学（1853）、アデレード大学（1874）、タスマニア大学（1890）が創設された。以下、杉本（2003）[1]を中心にオーストラリアの大学制度の発展について記述する。オーストラリアに創設された大学は、オーストラリアの地理的条件のため、相互に孤立した状態にあった。各大学はモデルとしてのイギリスの大学とそれぞれ個別に縦の関係で結びついており、逆にオーストラリアの大学同士の横の関係は目立った展開を見せていなかった。しかし1901年に、6つの植民地社会が統合されたことで、オーストラリア連邦

(The Commonwealth of Australia) としての新たな歴史を歩むこととなった。1909 年にクイーンズランド大学が、1911 年に西オーストラリア大学がそれぞれ創設され、各州にそれぞれ 1 校ずつ大学が存在することとなった。1880 年代以降、メルボルン大学を筆頭に、各大学は植民地社会の要請に応え、専門職教育に取り組み始めてはいた。しかし 20 世紀前半に至るまで、オーストラリアの大学は社会からは遠い存在であり、学生数も伸び悩んだ。また戦前期には、大学と行政との関係も強くなかった。しかし、2 度の世界大戦を経て、高等教育に対する社会的な関心は急速に高まり、高等教育は量的拡大と質的変容を遂げ、大衆化した。高等教育段階に進学し、高等教育卒業資格や職業資格を取得することの意義が高まり、外国からの研究者や留学生も増加した[2]。1960 年代後半〜1970 年代前半にかけては新大学の創設ラッシュを迎え、戦後から 1975 年までに合わせて 13 大学が創設された。さらに 1980 年代後半〜1990 年代前半にかけては、高等教育カレッジ[3] (College of Advanced Education, CAE) の統合や単独での大学昇格などにより、新たに 17 校が創設された。2015 年現在、オーストラリアには 39 校の大学があり、そのうち国立大学が 2 校、私立大学が 2 校、それ以外は公立大学である。

　さて、オーストラリアはそもそも「流刑植民地」としてその歴史が始まっていることから、教育の普及によって秩序を維持したり、道徳的な規律を教えたりすることが必要とされた。1815 年頃までには、初等学校など当時のイギリスに存在していた教育制度や実践が整備されるようになった。一方、中等教育機関が本格的に創設され始めたのは 1830 年代である。しかし、1840 年代に景気が後退し、他のカレッジと生徒獲得競争を繰り広げる中で、中等教育機関の 1 つであった「シドニー・カレッジ」は、大学へ昇格することで活路を見出そうとした[4]。そして、1850 年にオーストラリア初の大学であるシドニー大学が創設されることとなる。では、シドニー大学は、その創設期（1849〜52 年）にいかなる大学像が模索されたのであろうか。

アシュビー（Ashby, E. 1966）によると、イギリスの植民地であったオーストラリアに、大学というシステムが移植される際、それはできるだけイギリスのモデルの模写であるべきだとされた。その輸出の型としては、次の5つが存在していた。①オックスフォード大学、ケンブリッジ大学、トリニティ・カレッジ（アイルランド）の「オックスブリッジ・モデル」（伝統大学型）、②ロンドン大学、クイーンズ大学（アイルランド）の「ロンドン大学モデル」、③「ダラム大学型」、④「オーウェンズ・カレッジ型」（マンチェスター）、⑤「スコットランドの4大学型」（セント・アンドリューズ大学、グラスゴー大学、アバディーン大学、エディンバラ大学）の5つの型である[5]。

　このうち、③のダラム大学と④のオーウェンズ・カレッジは学生が少なく未熟であった。また、⑤のスコットランドの4大学は運営形態やカリキュラムの近代化が遅れていた。さらに、19世紀半ばに、インドなどのイギリス植民地や、アイルランドに大学が創られる際、モデルとして採用されたのは②の「ロンドン大学モデル」であった。その理由は、ロンドン大学が、大学の世俗化（非国教徒への門戸開放）とカリキュラムの近代化を背景に創設された大学だったからである（第2章参照）。

　シドニー大学創設の父と言われるウェントワース（Wentworth, C. W.）も同様に、②の「ロンドン大学モデル」を念頭に置いて、大学創設の準備を進めた。それは、シドニー大学が「あらゆる階級の、あらゆる子ども達に機会を与え、それがオーストラリアという国の運命にとって有用であってほしい」と考えたからである[6]。さらに、ウェントワース自身、ケンブリッジ大学で学んだ経験があったが、彼が学んだ1820年代当時の①「オックスブリッジ・モデル」は、国教徒以外に門戸を閉ざし、エリート主義であったため、彼は植民地社会にふさわしくないと考えていた。

　19世紀初めのオックスブリッジでは、学生に対する教育は、カレッジにおけるチュートリアルで、フェローによって担われていた。1850年頃、オックスブリッジには科学科目が導入され、全学とカレッジとの関係も見直された（第1章参照）。その後、1871年には、「大学宗教審査法」

による宗教審査が廃止され、中流階級の非国教徒にも門戸が開放されることになるのであるが、ウェントワースが学んだ当時のケンブリッジは、改革前の「オックスブリッジ・モデル」であった。

よって、ウェントワースが立法議会に提出した「シドニー大学設置助成法案（A Bill to Incorporate and Endow a University to be called 'the University of Sydney'）」も、宗教審査を行わず世俗教育を行う、「ロンドン大学憲章（the Charter of the University of London）」に範をとったものであった。

ロンドン大学モデルを標榜するウェントワースは、(1)全学（University）を、提携カレッジで学んだ者に対しての試験・学位授与機関として機能させ、(2)幅広いカリキュラムを提供し、(3)宗教色を完全に排除した世俗的な機関にすることを目指した[7]。

このように、「ロンドン大学モデル」を模倣するものとして始まったシドニー大学であるが、その創設期は、大学評議会（Senate）や、初代教授たちの影響により、その模範とするモデルが大きく揺らいだ時期でもあった。

ここからは、「ロンドン大学モデル」を標榜していたシドニー大学が、どのようにして、改革後の「オックスブリッジ・モデル」に近づいていったのかを考察する。

2　改革後のオックスブリッジ・モデルの影響

1852年7月、大学評議会の要請により、イギリス[8]から、古典、数学、化学・実験物理学の分野を専門とする3人の初代教授たち（academic pioneers）が招かれた。第一に、ロンドン大学とオックスフォード大学の両大学で学び、オックスフォード大学のユニバーシティ・カレッジのフェローの経験を持つウリー（Woolley, J.）であり、古典学を担当した。また、彼は初代学長にも任命され、1852年〜1866年まで、その職を全うした[9]。ウリーは、大学が開校するまでに、シドニー大学がそれまで基盤としていた原則を再解釈し、新たな方向性を示し[10]、シドニー大学に、改革後

の「オックスブリッジ・モデル」の要素を加えるのに貢献した[11]。第二に、ケンブリッジ大学卒で、ケンブリッジ大学のセント・ジョーンズ・カレッジのフェローの経験を持つペル（Pell, B. M.）であり、数学を担当した。第三に、スコットランドのアバディーン大学のマーシャル・カレッジで、化学講師の経験を持つスミス（Smith, J.）であり、化学・実験物理学を担当した[12]。

アシュビー（1966）によると、この初代教授たちが、当初は「ロンドン大学モデル」を目指していたシドニー大学に、それ以降の歴史を決定づけることとなる、いくつかの大きな特徴を持ち込んだ[13]。

第一は、カリキュラムへ与えた影響である。当初、ウェントワースが目指していたのは、ロンドン大学に倣った様々な学部の多様なカリキュラムであったが、大学評議会や初代教授たちは、古典や数学といった教養教育（liberal education）の重要性を強調した[14]。ウリーら教授たちは、「教養教育」を重視する大学評議会の考えを支持した。それはウリーが、「教養教育」が人間の人格形成に果たす役割に高い期待をしており、ウリーにとって教養教育は、「思考・判断の訓練」「精神秩序の発達」「広範な社会的共感能力の育成」という3つの面で、人格形成を促すもの[15]であったからである。

シドニー大学の授業は1852年から開始されたが、古典（ギリシャ語、ラテン語）、数学、化学、実験物理学が、1874年までは必修であった。さらに、論理学、古代史、現代史、自然哲学が教えられ、断続的にフランス語、ドイツ語も教授された。このようにしてシドニー大学は、教授科目において、オックスブリッジの教養主義的理念を内面化したのである[16]。

第二の特徴は、設立直後はロンドン大学に倣って試験・学位授与機関としていた全学（University）に、教育機能を持たせたことである。初代教授たちは、全学が試験機関としてのみ機能し、全ての教育はカレッジで行われるという、ロンドン大学や、改革前のオックスブリッジにおけ

る考え方に疑問を抱いていた。シドニーに到着して間もなく、初代教授たちは、全学は教育を担うべきであり、全ての学生に全学の講義への出席を義務づけるべきであると強く主張した。大学評議会もそれに同意し、シドニー大学は創設から1年以内に、(1)ロンドン大学の模倣をやめて、改革後の「オックスブリッジ・モデル」に従い、全学に教育機能を持たせ、(2)提携する宗派立のカレッジで行われるチュートリアルによって、全学での教育を補足し、(3)全学に教育機能を持たせるために、全学で行われる講義への出席を義務づけることになった[17]。

　全学が教育機能を持つようになった背景には、以下のような経緯がある。シドニー大学の中心的な組織である全学は、ウェントワースの構想では、試験・学位授与機関としてのみ運営されることとなっていた。しかし、当時のオーストラリアにおいて、提携するのにふさわしいカレッジが存在しなかったため[18]、大学評議会が「ユニバーシティ・カレッジ」の設立に言及し、全学自体も、教育機能を受け入れることになった。「ユニバーシティ・カレッジ[19]」は、世俗的な教育を行う機関であり、全学によるカリキュラムに沿って教育が行われるというものだった[20]。そこで、シドニー大学の全学の捉え方について、以下の2つの構想が出てきた。

　第一の構想は、全学が、教育からは距離を置き、提携カレッジに対しての試験機関としてのみ機能させるというものである。これは、1836年以降、提携カレッジで学んだ学生に対しての試験機関としてのみ機能していたロンドン大学に範をとったものであった[21]。

　第二の構想は、全学がその教育の機能を「ユニバーシティ・カレッジ」を通して行い、全ての学生に全学の講義への出席を義務づけることにより、中央集権的な教育を行うシステムを確立するというものである。これは、イングランドにおける大学改革の流れに範をとったもので、特にオックスフォード大学委員会によって推奨されたものであった[22]。

　初代学長のウリーは、イギリスにおける大学教育の最新のトレンドについての知識を踏まえ、植民地であったオーストラリアに、以下のよう

な計画を取り入れた。それは、全学が、講義という形態で世俗教育と試験を行い、特定宗派立で居住型の「提携カレッジ」が、宗教教育と学生のケア、ならびにチュートリアルによるサポートを行うというものであった[23]。

ウリーは、全学ではなく「カレッジ」が、チュートリアルを通して教育上の全責任を担う制度に批判的であったため[24]、シドニー大学には、「カレッジ」が教育上の全責任を担うという特徴を継承しなかった。一方で、カレッジがチュートリアルを行うこと自体は継承した。また、ウリーは、「全学の復権」を目指すオックスブリッジ改革を高く評価し、シドニー大学の全学の教育機関としての機能を充実させた。1859年、ウリーは、「シドニー大学において、我々はとても難しい試みをしている。それは、一般的な世俗教育を行う全学と、特定宗派のカレッジを結びつけるというものである。これはとても難しい構図であり、いまだかつてどこにおいても試みられたことがないものである」が、この試みは機能していると指摘した[25]。

3　講義への出席の義務づけ

ウリーらは、全学の講義への出席を学生に義務づけることが「最も望ましい」[26] と信じていた。しかし当初、大学評議会は、全学の講義を提携カレッジの学生以外のみに義務づけようと考えていた。ところが、1854年に様々な動きが出てきたため、結局、全学の講義は、現代史などいくつかの科目を除くほとんどの科目で、出席が義務づけられることとなった。ちなみに、オックスブリッジでは、講義への出席は義務づけられていなかった。ロンドン大学においても、講義への出席が義務づけられたのは、1898年にロンドン大学が再編成されてからのことである。

学生から、全学の講義への出席免除を求める動きが出てきたとき、ウリーはそれらの全ての動きに反対した。彼は、そのようなことを容認すれば、シドニー大学全体の構想が崩れると信じていた[27]。しかし、その

ウリーの強固な姿勢も、時間と共に変化していった。ウリーは、1864年にイングランドに向けて出発する前、大学評議会にあてた手紙の中で、「評議会が、社会の批判や要求に応えるために関心を持つべきものは、講義への出席に関する新たな規制よりも、カリキュラムの幅を広げることである」、と示唆している。彼が最後に求めていたのは、人文科学分野における教育の拡張であった[28]。

ここに、大学評議会と初代教授たちが教養教育を重視したことによる弊害があった。「大学評議会と初代教授たちは、植民地の状況を考えて幅広いカリキュラムの提供を目指したウェントワースを抑え、教養教育路線を推し進めたが、植民地社会からのニーズには応えられなかった[29]」のである。

前述の通り、植民地における最初の大学であるシドニー大学は、「ロンドン大学モデル」というよりも、改革後の「オックスブリッジ・モデル」を、基本的には模範として設立された[30]。1852年の大学評議会の報告書では、大学評議会が、「全学が行うことのできない、宗教教育、道徳教育、ならびに家庭での躾を、(オックスブリッジのカレッジをモデルとした)大学内の提携カレッジで供給することを喜んで受け入れる[31]」ことが述べられている。

1865年11月、大学評議会に申請すれば、全学の講義に1年間出席しなくてもいいという規則が、大学評議会を通過した。しかしこの条例は、提携カレッジで学ぶ学生には適用されなかった[32]。全学の教育機能を失わせないために、特に提携カレッジで学ぶ学生に対しては、講義への出席を強く求めたのである。

シドニー大学は、当初は、①全学が試験・学位授与機能のみを持ち、②幅広いカリキュラムを提供する、「ロンドン大学モデル」に基づく大学として創設された。しかし、大学評議会や初代教授たちにより、改革後の「オックスブリッジ・モデル」の影響を強く受けたものとなった。すなわち、シドニー大学は、①全学が教育機能を持ち、そのために講義

への出席を義務づけ、②教養教育を中心としたカリキュラムを持つ大学へと進路を変更したのである。

4　メルボルン大学の創設――クイーンズ大学モデルからの影響

　メルボルン大学は、シドニー大学創設から3年後の1853年に創設された。　シドニー大学とメルボルン大学には、創設されるタイミングにおいて重要な違いがあり、それが両大学の性質を決定づけた。シドニー大学は、オックスブリッジに対して王立委員会が報告書を出す前、つまりイギリスの大学の機能に対して、社会の意見が揺れているときに創設された。一方メルボルン大学は、王立委員会の報告書が出され、オックスブリッジが1950年の大学改革を経た後に創設されている。すなわち、シドニー大学創設時には危険だと思われた提案も、メルボルン大学創設時にはとても理にかなったものだと捉えられたのである。また、メルボルン大学は、シドニー大学の失敗から学ぶことができた。さらにアシュビー（1966）によると、メルボルン大学の初代教授によってもたらされた経験こそが、最も重要な影響であったという[33]。

　シドニー大学創設時にウェントワースが活躍したように、メルボルン大学創設にあたり、多大な功績を残したのは、ウェントワースと同じくケンブリッジ大学卒のチルダーズ（Childers, H.）であった。彼は当初からメルボルン大学を、試験機関としてだけではなく、教育を行う全学にしようと考えていた[34]。

　初代教授たちは、メルボルン大学の発展に決定的な影響を与えた。1854に赴任した教員は、以下の4人であった。第一に、ケンブリッジ大学でトリニティ・カレッジのフェローだったロウ（Rowe, E. H.）であるが、彼は赴任後まもなく死去した。第二に、アイルランドのゴールウェイのクイーンズ・カレッジの教授であったハーン（Hearn, E. W.）であり、現代史、文学、政経と、古典学、古代史を担当した。第三に、北アイルランドのベルファストのクイーンズ・カレッジの教授であったウィルソ

ン（Wilson, P. W.）で、数学、天文学を担当した。第四に、同じく北アイルランドのベルファストのクイーンズ・カレッジの教授であったマッコイ（McCoy, F.）で、自然科学を受け持った。

　これら3人に共通している注目すべき事実は、彼らが全員、アイルランドのクイーンズ大学のカレッジの教員出身だったことである。クイーンズ・カレッジは、オックスブリッジからはアイルランド海で隔てられているため、スコットランドのように、その伝統の流れを汲み、結果として大学改革が遅れるということがなかった。現にクイーンズ・カレッジでは、新しく進んだカリキュラムが始められていた。よってこの3人の初代教授たちが、メルボルン大学に、この新鮮な進取的精神を持ち込んだのである[35]。

　初代教授たちは、古典と数学の義務づけをなくそうとした。彼らが初めて出した提案は、入学試験に、古典と数学の両方を義務づけるべきではないというものであった。さらに、入学後のコースに関する提案は、古典をまったく学ばなくてもメルボルン大学の学士号を取得できるという、急進的なものであった。初代教授のうちハーンとウィルソンは、オーストラリアはイギリスの伝統を模倣すべきではないとほのめかした。それは、「植民地においては、大学がその宗主国の大学に近づけば近づくほど、失敗する確率は高くなる」と考えたからであった[36]。

　しかし、理事会（governing body）は、初代教授たちとは異なり、伝統的な高等教育の捉え方から離れることに乗り気ではなく、彼らの提案を却下した。しかし、科目選択の自由だけは残されることとなり、1855年に導入されたコースは著しく進んだものとなった。それは、当時のイギリスの大学において提供されていたどのカリキュラムよりも進歩的なものであったし、シドニー大学で採用されていたカリキュラムよりも柔軟であった[37]。

　それでも、メルボルン大学に対する社会の反応は、シドニー大学と同様に期待外れなものであり、学生数は伸び悩んだ。そして、この社会か

らの無関心が、カリキュラムの幅を広げる重要性を示唆していた。メルボルン大学にとって最も必要だったものは、専門的な学科（professional faculties）であった。それはメルボルン大学の、より進歩的な精神と一致し、シドニーよりも随分早くにこれらの科目が導入された。とはいえ、専門学科の導入までには、大学創設から10年の歳月を要した。例えば、法学の学位を出したのは1865年、法学部ができたのは1874年であった。そして、医学部と工学部が最初の卒業生を輩出したのは、それぞれ1867年と1884年のことであり、農学部ができたのは1905年であった[38]。

オーストラリアにおける大学の創設は、1850年のシドニー大学（ニュー・サウス・ウェールズ）、1853年のメルボルン大学（ビクトリア）の後、1874年にアデレード大学（南オーストラリア）、1890年にタスマニア大学（タスマニア）、1909年にクイーンズランド大学（クイーンズランド）、そして1911年には西オーストラリア大学（西オーストラリア）が続いた。つまり、1850年から1911年の間に、オーストラリアの各州（1900年までは各植民地）にはそれぞれ1つずつ大学が創設された。これらのオーストラリアの伝統的な大学は、オーストラリア社会の要求に応えるため、19世紀の終わりになってようやくカリキュラムの多様化に踏み切り、「ジェントルマン大学（gentlemen's university）」から「専門職大学（professional university）」へ移行を始め、次第にそうした性格を強めていった[39]。

第2節　オーストラリアの大学へのチュートリアルの伝播

第1節で見たように、イギリスからオーストラリアへ大学モデルが伝播した際、全学で行われる講義へは、全ての学生に対して出席が義務づけられた。一方、チュートリアルは、提携カレッジに住む学生に対してしか行われていなかった。

ところが、20世紀に入ってから、全学における教授法に変化が起き、チュートリアルが導入され始める。ではチュートリアルは、全学へどのような形で導入されていったのだろうか。ここでは、メルボルン大学の

歴史学科に焦点を当て、チュートリアルの伝播について考察する。

20世紀初め、オーストラリアの大学の人文科学分野では、少人数での指導ではなく、講義と文献による教授が行われていた。そして、エッセイや試験で、学生の理解を問うというのが一般的であった。当時の講義は、毎年同じような内容を淡々と読み上げるスタイルであった。授業の進め方は、前回の講義で終わった続きから、そのまま次の授業を始めるというものであった[40]。

そのような状況の中で、1913年にメルボルン大学は、後にチュートリアルを導入することになるスコット（Scott, E.）[41]を、歴史学科の教授として新たに迎え入れた。スコットは、大学教員としては異例の経歴を持っていた。彼は1892年、25歳のときにジャーナリストとしてイギリスから渡豪し、メルボルン・ヘラルド社で勤務した。その後、ビクトリア州議会やオーストラリア政府議会の記者を務めた[42]。

スコットが教授に抜擢された理由は、彼のこれまでの学び方にあった。スコットには、大学でトレーニングを受けたり、教えたりした経験はなかった。しかし、文学と歴史については、一般市民向けに幅広く講義を行ってきた経験があり[43]、それによって表現方法を身につけてきた[44]。彼はまた、約30年間、歴史的な文献について学んできた経験があった。彼は、*English Historical Review* や、*the American Historical Review*、*the Revue Historique* などを精読し、現代的な研究の主流や、主要な展開に精通していた[45]。何よりも彼には、歴史研究の分野において、独創的な研究（original work）をしてきたという強みがあった[46]。当時オーストラリアの大学の歴史学部には、系統立てられた科学的な手法を取り入れ、研究を行うべきだという風潮があった。よって大学側は、「知識欲や研究への熱意というインセンティブだけで、研究に携わってきた彼なら、学生たちの考え方にも共感を示してくれるだろう[47]」と考えたのである。

スコットは講義において、当時の大学教員とは異なるアプローチをとった。スコットの講義は、毎回の講義が、それ自体1つにまとまって

いたという点で、当時は注目に値した。また彼は、講義に最新の研究も取り入れた。それは彼が、「ある科目において、その考えや研究の進歩についていかなければ、講義は古くて単調なものになるに違いない」と考えていたからであった[48]。

次に、スコットの課題への考え方や、学びについての捉え方を見ていく。スコットはまず、エッセイ（essay）を研究課題（research exercises）に変えた。それは、学生が用意してきたエッセイを朗読し、その後教員がコメントをし、質問に答えさせるという受動的な学びよりも、独創的な学びを重視したからであった。スコットの言う独創的な学びとは、学生自らが文献を入念に調べ、それによって思考を鍛えるというものであった[49]。スコットは、「原書は真実へのつながりを与えてくれるが、原書を引用している文献は、その著者の解釈によって違ったものになっている[50]」と考えていた。よって学生にも、できるだけ原書にさかのぼって調べ、原書と対話させようとしたのである。また彼は最終的に、学生に試験の際、本やノートの持ち込みを許可することで、暗記に依存する傾向を弱めた。彼は学生に、文献を読んで解釈し、それを説明するという点で、幅広く応用できる、いわゆる「汎用スキル」（generic skill）を意識的に教えていたのである[51]。ここに、その後チュートリアルを導入していくこととなるスコットの考え方の一端を見てとることができる。

スコットは大学内外で教育を行ったが、彼の教育の目的は一貫していた。彼はWEA（Workers Educational Association）や、その他の団体に向けた講義で、自身の学習法を社会に広めた。スコットが一般の人々に歴史についての理解を促したのは、国内外の出来事についての正確で詳細な知識を、彼らの中に育成するためであった。これはちょうどスコットが、大学教育において、学生に、正確かつ詳細な知識を引き出すスキルを訓練させていたのと同じであった[52]。

学生に感銘を与え、教職員からの信頼も厚かったスコットは、1919年に学部長に就任した。メルボルン大学の人文科学部（Arts degree）は

再編成され、「言語と文学」、「歴史と政治学」、「哲学と数学」、「科学」の4つの学問分野に分けられた[53]。普通学位コースと優等学位コースでは、履修する科目数や、テストの回数が異なっていた。さらに、優等学位コースでは、最終年次に研究論文（long research essay）を書くことが求められた。

優等学位コースにおける学生に対して、大学側の求める水準が高くなるにつれ、スコットの優等学位コースへの関わりも強くなっていった。1923年に、それまで歴史学科の常勤講師であったウェブ（Webb, J.）が、専任のsenior lecturerとなったことを機に、スコットは彼女に、歴史学科の講義やエッセイ、試験に向けたサポートを依頼した。そして彼自身は、優等学位コースの学生への指導に集中するようになったという[54]。

こうしてスコットは、優等学位コースの学生向けにチュートリアル・クラスを設定し、そこで講義や筆記課題をサポートする機会を得た。マッキンタイア（Macintyre, S. 1995）によると、「チュートリアルは、オーストラリアの歴史学科の分野における新たな展開であり、学生が物事を解釈したり、自身の考えを明確に述べたりする能力を育成するためにデザインされた[55]」のであった。スコットは、当時シドニー大学の教授であったウッド（Wood, A. G.）に対して、チュートリアルを以下のように説明している。それは、チュートリアルが、5～6人の学生のグループに対して行われ、そのうちの1人が短い解釈をグループに伝えた後に、与えられたトピックについてのディスカッションが行われる、というものであった[56]。

上述のように、優等学位コースへチュートリアルが導入され、優等学位コースの最終学年で研究論文が課された結果、普通学位コースと優等学位コースの差はより明確なものになった。人文科学部における普通学位コースでは、幅広い科目に関する全般的な教育が行われた。一方で、「歴史と政治学（history and political science）」の優等学位コースでは、その学科の専門的なトレーニングや、歴史的研究の実際の仕事についての手ほ

どきが行われた[57]。

マッキンタイア（1995）によれば、「スコットが学生へ与えた影響も大きかった。スコットのカリキュラムによって、学生たちの関心は世界情勢へ向けられた。スコットからトレーニングを受けたことで彼らは、現代の出来事を結びつけ、比較考察し、解釈するスキルを身につけた[58]」という。スコットの教え子の中には、後に西オーストラリア大学の教員となったアレクサンダー（Alexander, F.）や、アデレード大学の教員となったハンコック（Hancock, K.）や、ウッドの後継者としてシドニー大学の教員となったロバーツ（Roberts, S.）らがいた。そして、スコットの教授法は、彼の教え子と共に、オーストラリア中に導入されたのである[59]。

第3節　オーストラリア国内におけるチュートリアルの伝播と変容

本節では、メルボルン大学に導入されたチュートリアルが、その後どのように変容していったのかについて考察する。

1　オーストラリア内でのチュートリアルの伝播と変容

スコットによってメルボルン大学の歴史学科に導入されたチュートリアルは、その後継者であるクロフォード（Crawford, M.）によって継承された。しかしそれは、批判的な継承であった。クロフォードは、シドニー大学の歴史学科を卒業した後、オックスフォード大学のベイリオル・カレッジで学んだ。ベイリオル・カレッジでの彼のチューターは、ベル（Bell, K.）であった。クロフォードは、シドニー・グラマースクール等で教鞭をとった後、ベイリオル・カレッジで1学期間、恩師であるベルの代わりに講義を行った。その後、エリート養成のためのパブリック・スクールであるブラッドフィールド・カレッジ（Bradfield College）で教鞭をとり、チュートリアル・クラスも担当した[60]。クロフォードは1934年半ばに、シドニー大学の歴史学科の講師となり、1935年半ばには、シドニー大学

の学外のチュートリアル・クラス[61]向けの一連の講義を行い始めた[62]。そして彼は 1936 年 12 月に、メルボルン大学の歴史学科の教授に就任し[63]、その後 1970 年までその職を全うした。

クロフォードは、メルボルン大学の教員になる前から改革者として知られていた。クロフォードは自分が採用される前からすでに、メルボルン大学の学科再編について考えていたという。現にクロフォードが、メルボルン大学に送った教授職への応募書類の中には、シドニー大学歴史学科における、新しい 4 年制の優等学位についての計画概要が含まれていた。そして、アレクサンダー（Alexander, F.）[64]が言ったように、彼は「メルボルン大学の学生生活に、切に求められている再編成[65]」をもたらすだろうと考えられていた。

デア（Dare, R. 1995）によれば、クロフォードは、優等学位コースが研究者養成に特化していることに疑問を抱いており、赴任早々、彼はメルボルン大学歴史学科の改編に着手したという。クロフォードはまず、教員数や学生数の増加を目指し、歴史学科における優等学位コースと普通学位コースの理想的な関係を模索した。そして、明らかにしたことや勧告を、1937 年と 1938 年に報告書にまとめた。その報告書には、優等学位コースに関する彼の主張が強く表れていた[66]。すなわちクロフォードは報告書の中で、①優等学位コースを、少数ではなく、多くの学生の選択肢になるように再編し、活気づけること、②研究を奨励すること、③オーストラリアの歴史研究を築き上げること、という 3 つの目的を述べたが、重視されていたのは 1 点めであった。

優等学位コースで学ぶ学生は 2 年次から編成され、学生たちは普通学位コースよりも集中的なチュートリアルを受けた。しかし、前任者のスコットが教授であった時期に行われていた、優等学位コースにおける研究という要素は取り除かれた。それは、狭い分野を深く研究するのではなく、学生の学びを他分野の科目と関連づけて深めさせるためであった。デア（1995）によると、「クロフォードは、優等学位コースは、従来の

ように研究を志す一部の学生のためではなく、多くの有能な学生にとっての第一の選択肢であるべきだと主張した。一方で彼は、研究を志す学生には、4年次の修士課程の年に始めることを奨励した[67]」という。

デア（1995）によれば、クロフォードは、歴史教育の主な目的は、学生が一連の知識を習得することよりむしろ、理解の仕方を習得することと考えていたようである[68]。また、学ぶべき分野については、以下のように考えていた。クロフォードは副学長に対して、「学生1人1人の精神的な活動を、できるだけ想像力豊かに、そして共感的かつ批判的に刺激しようとすべきだ」と述べた。よって学生は、この精神的な活動への刺激を追求するために、様々な学問分野を探索するべきである、とした[69]。また、クロフォードは、「ある分野を説明するだけでも、その分野の外に出る必要がある」と述べている[70]。そのため彼は、優等学位コースの学生に、自身の学問分野はもちろんのこと、他学部のある特定の科目について理解することも求めた[71]。

歴史学科の学生数は、1937年～1938年の1年で、37.5％増加した。1939年には少し減少したが、それでも1937年の30％増であった。学生数の増加により、教員には研究や論文執筆に充てる時間がなくなったことを、クロフォードは副学長に伝え[72]、教員の追加を求めた。その結果、彼が教授に就任した1937年には、彼を含めて2人だった歴史学科のフルタイムの教員数は、1940年の時点で、5人の常勤の教員と、4人の非常勤講師となり[73]、彼が退職した1970年には、教員の合計は26人に増えていた。

クロフォードは、メルボルン大学歴史学科において、改革の鍵となる要素を次のように捉えていた。当時、オーストラリアの歴史学科における教育は一般的に、普通学位コースの授業と、学部の周縁的な活動として行われる研究を合わせたものだと考えられていた。その中で、1938年、クロフォードは副学長に、彼の計画の鍵となる要素は、「普通学位コースと優等学位コースの授業を分けることであり、優等学位コースは、歴

史研究の道へ進む少数に向けてではなく、大多数に向けてデザインされるべきだ」、と述べたという。クロフォードは、普通学位コースの再編も考えていたが、それは学生が優等学位コースの方を好むようにするためであった。そして、将来的には、教員が普通学位コースに割く労力を削減しようと考えていた[74]。

　デア（1995）によれば、クロフォードの優等学位コースへの考え方も、次のように変化していったという。1936年、彼のシドニー大学の優等学位コースにおける計画では、4年生の学生は主にチュートリアルにおいて「特別な課題」に専念することになっていた。学生は広範囲にわたって文献を読むという「特別な科目」を受講し、それが「論文と試験」で審査されたが、この論文には、古文書や原書を使った独創的な研究は含まれていなかった[75]。翌1937年、彼のメルボルン大学における提案は、3年間の優等学位コースと、研究を行う修士課程へ移行させた論文、という組み合わせであった[76]。そしてシドニー大学は、1938年に4年制の優等学位コースを導入した。その後、第二次世界大戦によって状況は大きく変化した[77]。1949年、メルボルン大学に導入された優等学位コースは、クロフォードのシドニー大学とメルボルン大学へ向けた上記の2つの計画を合わせたものであり、4年制の学位で、最終学年には研究論文を書くというものであった[78]。

　優等学位コースの学生に研究を重視させたことにより、クロフォードが重んじた、学生に様々な経験をさせるという要素は失われただろうし、彼が望んでいたよりも専門化が進んだであろう。しかし、強調点が移行したことによる恩恵もあった。それは、学生が修士課程で学ぶ前に、優等学位コースにおいて研究課題が奨励されたことで、1960年代～70年代の大学増加によって開かれた、歴史学の教員ポストの急増に対応することができたことである[79]。クロフォードが教授であった時期に、歴史学科の優等学位コースで学んだ学生たちは、知的なエリートとして、政治家や学者などの専門職に就いた。クロフォードが退職した年には、当

時のオーストラリアの歴史学科の教授の3分の1以上が、メルボルン大学の優等学位コースにおいてクロフォードのもとで学んだ卒業生たちで占められていた[80]。

2　戦後の高等教育システムの拡大

戦後の教育拡大を受け、1960年代～70年代初めにかけては、高等教育に対する社会的要求が増大し、高度な技術を有する労働力への需要の拡大にいかに対応するかが、先進国に共通の課題となった[81]。その結果、各国において、高等教育システムの拡張や再編が行われた。1960年代初め、オーストラリアの大学には、能力の高い従来型の学生を教育することと同時に、質的に多様な学生への対応が求められた[82]。そこで、高等教育システムの再編に向けて2つの方法が採られた。第一に、新大学[83]を創設することであり、第二に、大学の外部に、大学とは異なる高等教育システムである高等教育カレッジ（College of Advanced Education、以下CAEとする）[84]を設立することであった。

1964年に出されたマーティン報告（Martin Report）によって連邦政府は、CAEという技術訓練を行う新しい高等教育へ、資金提供を始めることになった。CAEは、大学でのコースを取りたくない者や、大学には適していないと考えられていたコースを取りたい者、大学を卒業するのが難しいと考えられる者に対して提供された。一方で、2年後の1966年に出されたワーク報告（Wark Report）では、CAEは、オーストラリアにおけるどの高等教育部門と比べても、少なくとも同等基準の教育提供を目指すべきだとされた。これは、CAEが大学と同等であるという主張であり、前述の、CAEは大学で学ぶ学生よりも能力の低い者に対して、大学には適さないコースを提供すべきだという考え方との矛盾が出てきた。その後、1967年までに、大学教育と、技術教育（technical education）、教員養成（teacher training）などは、各々の顕著な違いがなくなり、技術教育や教員養成などの様々な中等後教育（post-secondary education）は、

大学教育と結びつけられていった[85]。さらに、1980年代後半～1990年代前半に実施された、高等教育の一元化という大規模な改革によって、大学数は減少した。一元化の際の統合形態は大きく3つのパターンに分類できる。第一に、大学セクターとCAEセクター間で実施された「セクター間統合（cross-sectoral mergers）」[86]、第二に、CAEセクター内で実施された「CAEセクター内統合（inter-sectoral mergers）」[87]、第三に、CAEが単独で大学に昇格したパターン（大学昇格）[88]である。一元化のプロセスを経て、現在オーストラリアには39校の大学がある。

3　学習環境と教授形態

　第二次世界大戦後、オーストラリアの大学における学生数は1953年の28,000人から、1975年の147,700人へ増加した[89]。戦後すぐのオーストラリア高等教育においては、大学教員の関心は研究活動よりも教育活動に向けられていた。例えば、1957年のタスマニア大学では、「100名にも満たない1年生が、週に1回、8～9つのチュートリアルに分けられ、多くの場合、優等学生（honours students）あるいはパートタイム教員によって授業が行われていた。」[90]。しかし、学生数の増加につれ、クラス規模も大きくなり、大学は質的にも変容した。オーストラリアの大学における教員の配置は、イギリスのパターンによく似ている。大学拡張期には、大学教員の募集が困難であったが、1974年頃には、若い教員が、大規模なクラスにどのように適応するかということの方が問題であった。多くの大学が居住型のカレッジを併設していたものの、これらの大規模なクラスに出席していた学生の多くは、実家から通いの者であった。よって、ジョーンズ（Jones, E. P. 1974）によると、オーストラリアの大学は、イギリスで言うところのオックスブリッジよりもむしろ、市民大学（Redbrick）あるいは新大学（Plate glass）、またはそれらを合わせたものである、と言われた[91]。そして、オーストラリアのRedbrickにおいては、学生は受動的であり、教員は、学生が話すのを聞いたり批

判したりする訳ではなく、教員自身が授業を解説することに終始していた[92]。

　学生の学習環境をめぐっては、いくつかの問題があった。最も顕著なのは、中等教育から高等教育への移行期の問題であった。高等教育には、中等教育とは異なり、講義を行う教員が、学生の理解を、復習によって確認しないことや、授業のペースが速いという特徴があった。また、課題が集められたり、直されたり、評価されることもなく、学生が学習のポイントを理解しているか確認するための復習はほとんど行われなかった。さらに学生は、大規模なクラスの中の1人に過ぎず、教員との個人的なふれ合いはほとんどなかった。ウィールライト（Wheelwright, L. E. 1965）によれば、「学生の時間割を見てみると、午前9時から午後1時まで連続して講義に出ている者もおり、この過密なスケジュールによって学生は、講義について後から深く考えて消化する時間がなかった」という。上記のような様々な要因により、多くの学生は1年次に、自身の学業の進捗状況について大きな不安を抱いてしまっていた[93]。

　学生の学習環境をめぐり最大の障害となるのが、学生と教員間、教員同士、学生同士でのコミュニケーションの乏しさである[94]。学生と教員間のコミュニケーションについて、イギリスにおいてはロビンズ委員会（Robbins Committee）が独自の調査を行い、大学における教育の重要性を強調した。そして、教員が教育の質を高めたり、新しい教授法に挑戦したりすることが推奨された。オーストラリアにおいては、大学が時折、この分野において新しい試みを実施しており、1965年当時は、クイーンズランド、ニューサウスウェールズ、メルボルンにおいて、大学における教授法改善のためのプログラムが実施されていた[95]。

　次に、当時のオーストラリアにおいて採られていた教授法と、それに対する学生の反応を見ていく。文系では典型的に、3〜4の科目について、それぞれ週2〜3時間の講義とそれに続くチュートリアルが行われる。一般的に、文系の学生にとって講義は、文献を読んだり、チュート

リアルを受けたり、エッセイを書いたりする上での予備知識となる。文系と理系の学生に対して、どの教授形態から学ぶことが大きいか、リトル（Little, G.）が尋ねたところ、次のような結果となった[96]（**表3-1**）。

表3-1　どの教授形態から学ぶことが1番大きいか？

主要な学習形態	人文科学系(Arts) 普通学位コース（％）	人文科学系(Arts) 優等学位コース（％）	自然科学系(Science)（％）	合計（％）
講義	9	8	47	28
講義とその他	42	30	22	29
その他※	48	61	31	42

出所）Little, G., *The University Experience*. 1970, p.38 より筆者作成。
注）その他とは、当時はほぼチュートリアルを指すと考えられる。なお、表中の数字は原著のママ。

表3-1から分かるように、文系の学生たちは、自身の学習の基礎を、チュートリアルなどのより幅広いものに置いている[97]。理系の学生の半数近くが、講義を主要な教授形態に位置づけているのに対して、文系では、講義を主要な教授形態に位置づけている学生は1割に満たず、チュートリアルなど、講義以外の学習形態を重視している。また、その傾向は、優等学位コースの学生に、より顕著に見られる。

当時、オーストラリアにおける教授法は伝統的な形態をとっていたため、教授の質への不満が高まってきていた。大学内部からも、高等教育における教授への懸念や改革を示唆する声が高まってきたようである。講義が優勢であることや、チュートリアルやセミナーが比較的不足していること、また、視聴覚的な教材がほとんど活用されていないことへの懸念から、1964-5年に、オーストラリア学長委員会（Australian Vice-Chancellors' Committee）によって、大学における教授法についての調査が実施された[98]。学びのプロセスにおいて、教員と学生の関係が大きな課題だとされてきたが、本調査からも、多くの学生がチュートリアルや少人数での学びを好んでいることが明らかとなった。大学の学生自治会や、オーストラリア学生組合（Australian Union of Students）は、大学教育の質

についてとても批判的であり、その問題へ対応するために教育研究官（education research officers）を任命していた[99]。このように、大学のみではなく、学生側からも、少人数での学びが求められていたことが分かる。学生たちの挙げる不満としては、大学教育の質や内容があるが、ウィールライト（1965）による分析では、彼らの主な不満は次の3点である。「第一に、授業に活気がないこと、第二に、教員がコミュニケーションを図ってくれないこと、第三に、学生が期待していることを授業で教えてもらえないこと」を挙げている[100]。

一方、CAEにおける教授形態について見てみると、ビジネスの分野では、講義とチュートリアルの組み合わせが採用され、工学の分野では、プレゼンテーション・質疑応答・ディスカッションの組み合わせが一般的であった。1972年に出されたオーストラリア上級教育委員会（Australian Commission on Advanced Education）の報告では、学生がもっと学びに関われるように、講義からの脱却と、チュートリアルやセミナーといったアプローチを最大限活用する必要性が強調され、CAEにおけるチューターのより幅広い活用が主張された[101]。

以上、本章では、イギリスからオーストラリアへ、高等教育システムそのものがどのように伝播し、また、教授形態の1つであるチュートリアルがどのように伝播していったのかについて見た。その結果、大学というシステムの伝播に伴いチュートリアルも大々的に取り入れられたわけではなく、チュートリアルは当初、大学の提携カレッジにおいて、そこに住む学生に対してのみ行われていたに過ぎなかった。しかしその後、20世紀に入ってから、1人の教員によって、メルボルン大学にチュートリアルが導入され、そこから他大学へ、その教員の教え子たちとともに伝播していったことが分かった。また、戦後の学生増加や高等教育システムの拡大と質的変容により、チュートリアルの規模も拡大し、学生と教員間のコミュニケーションの乏しさが指摘されるようになった。1960

年代〜1970年代にかけて、様々な委員会による調査の結果、多くの学生がチュートリアル等の少人数の学びを求めていることが明らかになり、チュートリアル等のアプローチを最大限活用する必要性が強調された。

注

1　杉本和弘『戦後オーストラリアの高等教育改革研究』東信堂、2003年。
2　同上書、31頁、54頁、56頁、66頁、74頁、76頁、81頁。
3　高等教育カレッジ（CAE）について詳しくは、第3節第2項で述べる。
4　杉本和弘、前掲書、2003年、29頁、32〜33頁、38頁。
5　Ashby, E., *Universities: British, Indian, African – A Study in the Ecology of Higher Education –*. Weidenfeld and Nicolson, 1966, p.20.
6　*Ibid.*, p.37.
7　*Ibid.*, pp.36-40.
8　この場合は、スコットランド等を含むイギリス全体を指す。
9　*Ibid.*, p.38.; Simpson, G. L., "Reverend Dr John Woolley and Higher Education" In Turney, C. (ed.), *Pioneers of Australian Education: A Study of the Development of Education in New South Wales in the Nineteenth Century*. Sydney University Press, 1969, p.81.
10　*Ibid.*, p.83, pp.91-92.
11　しかし1866年、イギリスに一時帰国後、オーストラリアへ戻る途中に乗っていた船が沈没した。（*Ibid., p.*81.）
12　Ashby, E. (1966) *op.cit.*, p.38.; Barff, E. H., *A Short Historical Account of the University of Sydney*. Angus & Robertson, 1902, p.83.
13　Ashby, E. (1966) *op.cit.*, p.38.
14　*Ibid.*, pp.39-40.
15　Simpson, G. L. (1969) *op.cit.*, p.85.
16　杉本和弘、前掲書、2003年、39頁；Ashby, E. (1966) *op.cit.*, pp.39-41.
17　*Ibid.*, pp.38-39.
　　講義への出席の義務づけは、オックスブリッジでは行われていなかった。しかし、シドニー大学の初代教授たちは、様々なカレッジに住む学生たちが、全学から完全に離れたところで教育を受けることになれば、オックスブリッジにおいて、カレッジがチュートリアルを通して力を持ちすぎてしまったことの二の舞になってしまうと考え、講義を義務づけた。（*Ibid., p.*38.）
18　*Ibid.*
19　シドニー大学の「ユニバーシティ・カレッジ」は、居住型ではなかった。

（Simpson, G. L.（1969）op.*cit., p.*88.）
20 *Ibid.*, p.88.
21 *Ibid.*, pp.88-89.
22 *Ibid.*
23 *Ibid.*, p.92.
24 *Ibid.*, p.89.
25 *Ibid.*, pp.92-93.
26 *Ibid.*, p.90.
27 *Ibid.*, p.93.
28 *Ibid.*, p.96.
29 Ashby, E.（1966）*op.cit.*, pp.36-37, pp.39-41, p.44.
30 Simpson, G. L.（1969）*op.cit.*, p.90.
31 *Ibid.*, p.91.
32 *Ibid.*, p.94.
33 Ashby, E.（1966）*op.cit.*, pp.41-42.
34 *Ibid.*, p.42.
35 *Ibid.*, p.43.
36 *Ibid.*, pp.43-44.
　　ハーンとウィルソンは、ハーバード大学に導入される10年以上前に、アメリカの「科目選択制」の採用を主張した。（Ib*id., p.*44）
37 *Ibid.*
38 *Ibid.*
39 杉本和弘、前掲書、2003年、56〜57頁。
40 Macintyre, S., "Ernest Scott: 'My History is a Romance' ", In Machintyre, S. & Thomas, J.（eds.）, *The Discovery of Australian History 1890-1939*. Melbourne University Press, 1995, p.80.
41 スコットは1913年から1936年まで、メルボルン大学歴史学科の教授を務め（Ib*id., p.*79.）、1936年に *A History of the University of Melbourne*（Melbourne University Press）を刊行した。
42 *Ibid.*, p.71.
43 *Ibid.*, pp.74-75.
44 *Ibid.*, p.75.
45 *Ibid.*, p.74.
46 *Ibid.*
47 *Ibid.*
48 *Ibid.*, p.80.
49 *Ibid.*, pp.80-81.

50 *Ibid.*, p.78.
51 *Ibid.*, pp.80-81.
52 *Ibid.*, p.89.
53 *Ibid.*, p.82.
54 *Ibid.*
　ウェブは、オーストラリアの大学の歴史学科で初めて終身雇用の職を得た女性である。彼女は1898年にメルボルン大学の学位を取得した。そして1909年と1911年の非常勤講師経験を経て、1913年から常勤講師となり、1923年からはsenior lecturerとなった。スコットが不在の際には週に8回の講義を行い、普段でも週に6回の講義と3回のチュートリアルを行った。（Janson, S., "Jessie Webb and the Predicament of the Female Historian", In Machintyre, S. & Thomas, J. (eds.) (1995) op.*cit.*, *p*p.91-110.）
55 Macintyre, S. (1995) *op.cit.*, p.82.
56 *Ibid.*
57 *Ibid.*, pp.82-83.
58 *Ibid.*, p.88.
59 *Ibid.*, p.71.
60 Dare, R., "Max Crawford and the Study of History", In Machintyre, S. & Thomas, J. (eds.) (1995) *op.cit.*, p.175, pp.178-180.
61 　チュートリアル・クラスとは、イギリスで1903年に創設された労働者教育組織であるWEA（Workers' Educational Association）が、大学との協力の下に編み出したものである。その流れを汲み、オーストラリアでは1913年にWEAが創設され、チュートリアル・クラスも、いくつかの大学との協力の下に実施された。
62 Dare, R. (1995) *op.cit.*, p.182.
63 　クロフォードは、メルボルン大学が最初にそのポストに求めた人物ではなかった。実は大学は1936年に、ハンコック（Hancock, K.）にこのポストを依頼していたのである。しかしハンコックは、アデレード大学からバーミンガム大学に移ってまだ任期が浅かったので、再度公募が出された。（Ib*id.*, *p*p.182-183.）
64 　スコットの教え子で、当時パース大学の准教授であった。（Ib*id., p.*184.）
65 *Ibid.*, p.185.
66 *Ibid.*, p.182, pp.184-185.
67 *Ibid.*, p.185.
68 *Ibid.*
69 *Ibid.*, p.186.
70 *Ibid.*, p.189.

71　*Ibid.*, p.186.
　　例えばクロフォードは、哲学を学んでいる学生と、歴史学を学んでいる学生を集めて、合同のディスカッションの授業を計画した。(Ib*id.*)
72　*Ibid.*, p.187.
73　*Ibid.*, p.186.
74　*Ibid.*, p.188.
75　*Ibid.*
76　*Ibid.*
77　*Ibid.*, p.190.
78　*Ibid.*
79　*Ibid.*
80　*Ibid.*, pp.174-175.
81　杉本和弘、前掲書、2003 年、93 頁、95 頁。
82　同上書、105 頁。
83　オーストラリアにおいてこの時期に創設された新大学とは、モナッシュ大学（1958 年）、マックォーリー大学（1964 年）、ラトローブ大学（1964 年）、ニューカッスル大学（1965 年）、フリンダーズ大学（1966 年）などである（いずれもかっこ内は創立年）。
84　CAE とは、社会の需要に直接応じ、実践への関心を持つ学生に対して、産業界との密接な関係の中で、応用重視の職業教育を実施する機関のことである。1965 年に成立した最初の CAE は 11 校であったが、1967 年には 43 校、1978 年には 73 校と増加していった。なお、オーストラリアにおける技術教育はすでに 19 世紀前半に開始されており、CAE の成立は、それらの「技術カレッジ」に加えて「教員養成カレッジ」などが、「高等教育カレッジ（CAE）」として展開されていくプロセスでもあった。（杉本和弘、前掲書、2003 年、123 〜 124 頁、129 頁、138 頁、175 頁。）
85　Barcan, A., *A History of Australian Education.* Oxford University Press, 1980, p.328, pp.340-341.
86　セクター間統合の例としては、Melbourne CAE、Victorian College of the Arts、Hawthorn Institution of Education、Victorian College of Agriculture and Horticulture の 4 つの CAE がメルボルン大学に統合される等で、オーストラリア国内の 17 大学において見られた。
87　CAE セクター内統合の例としては、Royal Melbourne Institution of Technology と Philip Institute of Technology が統合され、RMIT 大学（RMIT University）が新しく誕生したり、Queensland Institution of Technology と Brisbane CAE の一部が統合され、クイーンズランド工科大学（Queensland University of Technology）が誕生したりと、合計 7 つ

の大学が誕生した。
88 CAE が単独で大学に昇格した例は、Canberra CAE がキャンベラ大学（University of Canberra）になったり、Darling Downs Institute of Advanced Education が南クイーンズランド大学（University of Southern Queensland）になる等で、合わせて6つの CAE が大学に昇格した。
89 Jones, E. P., *Education in Australia*. David & Charles, 1974, p.84.
　一方で、1957年に出されたマレー報告（Murray Report）では、高い中退率が指摘され、連邦政府から学生への奨学金は、国家資金の浪費であるとされた。また、マレー委員会は、オーストラリア大学補助金委員会（Australian University Grants Committee）の設立を奨励した。（Barcan, A. (1980) op.*cit., p.*333.）
90 杉本和弘、前掲書、2003年、76頁。
91 Jones, E. P. (1974) *op.cit.*,p.89.
92 Wheelwright, L. E., *Higher Education in Australia*. F. W. Cheshire, 1965, p.86.
93 *Ibid.*, pp.162-164.
94 教員同士のコミュニケーションに関しては、同じ学生集団を対象に行う同科目においても、講師とチューターなどの教員がお互いに顔を合わせないことがあるという。（Ibi*d., p.*143）
95 *Ibid.*, p.140.
96 Little, G., *The University Experience*. Melbourne University Press, 1970, p.38.
97 *Ibid.*, p.42.
98 Jones, E. P. (1974) *op.cit.*, p.85.
99 *Ibid.*, pp.85-86.
100 Wheelwright, L. E. (1965) *op.cit.*, p.141.
101 Jones, E. P. (1974) *op.cit.*, p.93.

表 3-2 英豪大学の対比年表

オックスブリッジ	ロンドン大学
12C：オックスフォード大学創設 13C 初め：ケンブリッジ大学創設 18C 半ば〜19C 初頭：優等学位（honours degree）試験の導入 19C 初頭：カテキズム的少人数教育が行われていた 1810 年代：スコットランドの大学人達によるオックスフォード大学批判（カレッジの教育機能の独占を指摘） 1830 年代〜 1840 年代：オックスフォード大学内部からのオックスフォード運動（学生への道徳的指導の欠如を指摘） 1830 年前後：大学外で、1対1の個人指導を行うプライベート・チューターの出現（高度化した専門的な試験へ対応するため） 1850 年前後：オックスブリッジへの科学科目の導入 1850 年代〜 1860 年代：プライベート・チューターによる1対1の個人指導の形態がオックスブリッジのチューターによって正規の教育へ取り込まれた 1870 年以降：カテキズム的少人数教育→ソクラテス的チュートリアルへ（学生の学びの深化と理解の促進のため） 1871 年：中流階級の非国教徒にも大学の門戸が開かれた	1826 年：世俗的な機関である UCL（University College, London）の創設 →①非国教徒の受け入れ 　②オックスブリッジで軽視されている科学科目等の提供 　（←スコットランドの大学の特徴を導入） 1829 年：国教会による KCL（King's College, London）の創設 1836 年：UCL と KCL の教育と学位授与を行う機関としてロンドン大学（University of London, 全学）の誕生 →実際には、試験機関であった 1898 年：大学の再編成→試験機関であったロンドン大学（全学）が教育機関へ（全学が、カレッジのコース内容や学問的な質を監督するようになった） →講義への出席義務づけ、セミナーやチュートリアルの導入

シドニー大学	メルボルン大学
1820年代初め：シドニー大学創設の父であるウェントワース（Wentworth）が改革前（カテキズム的少人数教育の頃）のケンブリッジ大学で学ぶ	
1850年：シドニー大学創設（ウェントワースはロンドン大学モデルを目指した）	
1852年7月：イギリスから3人の教授たちが赴任。改革後のオックスブリッジ・モデルの影響 ユニバーシティ（全学）に教育機能を持たせるため、講義への出席が義務づけられた	1853年：メルボルン大学創設 1854年：イギリス（主にアイルランド）から4人の教員が赴任（アイルランドのクイーンズ大学モデルの影響→科目選択の自由）
1859年：ウリー（Woolley）「ユニバーシティ（一般的な世俗機関）とカレッジ（特定宗派）を結びつける試みは機能している」	19C終わり：ジェントルマン養成大学→専門職養成大学へ移行開始 1919年：学部長のスコット（Scott）が人文科学部の歴史学科にチュートリアルを導入 →その後、スコットの教え子とともに、国内の大学に広がった
19C終わり：ジェントルマン養成大学（gentlemen's university）→専門職養成大学（professional university）へ移行開始	

出所）筆者作成。

第4章 現代のオーストラリアにおける
　　　　チュートリアル

　第3章では、戦後の学生増加と多様化に対して、チュートリアル等の少人数教育を求める声は強かったが、それに対応できていなかったことを述べた。続く本章では、先に挙げた、学生増加や多様化の問題や、またそれに伴う授業規模の拡大という現象に対して、現代のオーストラリア高等教育におけるチュートリアルがどのように対応しようとしているのか、見ていくこととする。まず第1節で、現代のオーストラリアにおいて一般的に行われているチュートリアルと、それを取り巻く課題について考察する。続く第2節では、ウェブ等を使った新しい形の「チュートリアル」の実践を見ていく。そして、イギリスから伝播したチュートリアルが、現代のオーストラリアにおいてどのように機能しているのか、また第1章で導き出した、イギリスにおけるチュートリアルの原型が持つ要素がどの程度維持されているのかを考察する。

第1節　オーストラリアにおける一般的なチュートリアル

　本節では、現代のオーストラリアにおいて、チュートリアルがどのように機能しているのか見ていくこととする。近年、オーストラリアの大学においては、チューターへの研修プログラムが幅広く実施されてきており、その数も増加している。その背景にはどういった事情があるのだろうか。また、オーストラリアの現代のチュートリアルは、イギリスのチュートリアルとはどう異なっており、それはどのような背景の違い、あるいは歴史的変遷の違いによるものなのだろうか。

上記の点について考察する際、ルブリン（Lublin, J. 1987）による"Conducting Tutorials"に依拠して概観する。これは、HERDSA（Higher Education Research and Development Society of Australia）から出されているガイドラインであり[1]、オーストラリアの各大学がチューターへのプログラムを考えるときに、その指針として参考にしているものだからである。また、イギリスのチュートリアル（主としてオックスブリッジ・モデル）との比較を随時入れながら見ていくこととする。

さらに、それを各大学がどのように具体化し、応用しているかについて、メルボルン大学におけるチューターや学生向けの資料も参考にする。これは、メルボルン大学におけるチュートリアルについての説明が、他大学でも使用されているからである[2]。チューター向けに出されている資料としては、カザリーとデイビス（Cazaly, C. & Davies, M.）による"How to Structure and Teach a Tutorial"やジョーンズ（Jones, A.）による"Tutorial Questioning Technique"を、学生向けに出されている資料としては、Academic Skills Unit（以下ASUとする）による"Tutorials – How to get the most out of 'tutes'"を参考にする。

1　オーストラリアにおけるチュートリアルの実態

本項では、オーストラリアにおけるチュートリアルの実態を明らかにするために、①その目的と意義、②位置づけと規模、③形態、④学生の役割、⑤チューターの役割という視点から概観する。

(1) チュートリアルの目的と意義

初めに、オーストラリアにおいて、チュートリアルの目的と意義がどのように捉えられているのかを、シドニー大学・メルボルン大学の例を中心に概観する。

メルボルン大学ではチュートリアルは、学生が講義で聴いたことと、文献から学んだことをつなぐ手助けとなり、学生にこれらの考えをディ

スカッションする機会を与える。チュートリアルには、自由にディスカッションをする機会や、学生の疑問や関心を追求する自由がある[3]。チュートリアルによって学生は、講義で扱われた内容を自分のものとして内在化し、理解を深めることができる。学生は、チュートリアルにおいて考えたり問題解決したことを、自身が既に持っている知識につなげ、関連性を見出していく[4]。

　ルブリン（1987）によると、チュートリアルは、学生の態度や価値観の発展に大きく影響する。チュートリアルにおいて学生は、自身の立場を守ったり、明確に説明したり、論点についてディスカッションをしたり、プレゼンテーションをしたり、問題や解決策について話したりするスキルを身につけていく。そして学生は、チューターや他の学生から、その場で自身の考えや態度や価値観に対するフィードバックをもらうことができる。チュートリアルはまた、自立した学びへの移行を助ける可能性を持っている。自立した学びとは、自分の出した答えが間違っていても、フィードバックから学び、問題解決や質問に対する答えに再びつなげていけるような学びのことである[5]。

　チュートリアルでは、講義で学んだことについて質問し、コースに関する事柄を明確にすることができる。チュートリアルによって学生は、分析的な思考や問題解決能力を養うことができるし、グループワークやプレゼンテーションのスキル、話すスキルを習得できる。他の人の考えを聞くことからも学ぶことができるし、他の学生に対して自分の考えがどこまで通用するのか試すこともできる。チュートリアルによって、学生は学習時間の効率化を図ることができ、課題や試験への準備としても役立てることができるのである[6]。

⑵　チュートリアルの位置づけと規模

　ここでは、現代のオーストラリアにおける、チュートリアルの位置づけや規模、チューターについて論ずる。

はじめに、チュートリアルの位置づけについて見ていく。第2章で述べたように、イギリスにおいてチュートリアルとは、学生の学びの中核となるものである。講義等はチュートリアルの理解を深めるためにあるので、講義への出席は義務とされていなかった。

一方、ルブリン（1987）やカザリーとデイビス（Cazaly, C. & Davies, M. 2007）によれば、オーストラリアにおいてはチュートリアルは、あくまで講義を補いサポートするものと捉えられている[7]。講義では情報を伝達し、チュートリアルではディスカッションを重視することで、バランスの取れた教授が行われている[8]。オーストラリアにおいて、講義とチュートリアルは組み合わせになっていることが多く、学部生は講義の後、いくつかのグループに分かれてチュートリアルを受けるのが一般的である。講義を受ける対象学生数が増えれば、チュートリアルのグループ数や、かけられるコストへの限界のため、「少人数」であるはずのチュートリアルの規模が大きくなってしまう。それでも、チュートリアルは講義よりもリラックスした雰囲気の中で、講義よりも小さなグループに対して行われる[9]。

チュートリアルの規模を見てみると、ルブリン（1987）によれば、「チュートリアルは典型的に12〜15人の学生に対して行われる。しかし、30人規模のチュートリアルがないわけではない[10]」という。いくつかの大学を見てみると、例えば西シドニー大学（University of Western Sydney）では、チュートリアルは25人くらいのグループに対して行われている[11]。アデレード大学では、講義は100人くらいの学生に対して行われ、その後学生は20〜40人ずつに分かれてチュートリアルを受ける[12]。シドニー大学のチュートリアルでは、学生が順番にエッセイを書いてくる[13]。シドニー大学の経済とビジネスの学部では、チュートリアルは20人までの小規模の学部生たちに対して行われる[14]。

イギリスではチュートリアルはチューターと学生が1対1〜4の割合で行われていたが、それに比べて、オーストラリアのチュートリアル

は規模が大きいことが分かる。そこで採られている手段が、講義を受けた学生をいくつかのグループに分けてチュートリアルを行う上に、そのチュートリアルの中でも、学生をグループ分けして活動させることである。ルブリン（1987）によると、グループ分けの1番の目的は、学生1人1人に発言する機会を与え、できるだけ多くの学生を、ディスカッションに参加させることである。グループ分けのもう1つの目的は、学生に、チューターに頼る学びから、自立した学びへの一歩を踏み出させることにある[15]。

イギリスでは、学生の卒業論文のテーマに応じてチューターが選定されるため、一部は大学院生がチューターになることもあるが、主に大学教員がチューターになることが多い。一方、オーストラリアでは、講義の直後に学生を複数のグループに分けてチュートリアルを行うため、大学院生がチューターとして入ることが多い[16]。チューターは、学生の経験にとっては決定的な存在であるのにも関わらず、経験の浅い教員や大学院生であることが多いのである。オーストラリアの大学では、学生数の増加と常勤の教員不足のため、非常勤の教員を多く雇用していることもよくある[17]。

(3) チュートリアルの形態

オーストラリアにおけるチュートリアルは、イギリスのチュートリアルに比べて規模も大きく、位置づけも異なっている。そういったチュートリアルを機能させるために、オーストラリアのチュートリアルは以下のような形態をとっている。ルブリン（1987）によると、チュートリアルの形態には、(1)チューターによる説明、(2)学生によるプレゼンテーション、(3)チューターと学生間での質疑応答、(4)ディスカッション、の4つがあり、また、(5)ペーパー・セッションが行われることもある[18]。

(2)学生によるプレゼンテーションについてであるが、多くのチュートリアルにおいて学生は、グループ全体に向けて、1つのトピックについ

て準備し発表することが求められる。プレゼンテーションは普通、10分〜20分ほどで、その後に全体でのディスカッションが行われる[19]。

(4)ディスカッションにおいて学生は、自身が考えて出した答えを試す。そしてそれは、チューターが学生から求められるままに答えを教えるよりも、長い目で見ると学生のためになる。最も重要なことは、学生が話すときには、チューターは教員（権威、話す人）という立場から少し退いて、学生に話す時間と機会を与えることである。大切なのは、学生に自身の学びへの責任を引き受けさせるために、学生に徐々に主導権を与えることである[20]。

(5)ペーパー・セッションについてであるが、多くの科目において、学生は順番に（毎回ではなく）、個人またはペアで、チュートリアルにペーパーを書いてくることが求められる[21]。一方イギリスでは、学年末の筆記試験を踏まえたエッセイを書くためにチュートリアルが行われるため、学生1人1人に毎回エッセイを書いてくることが求められ、それをもとにチュートリアルにおけるプレゼンテーションやディスカッションが行われる。よって、チュートリアルのために書いてきたものを提出する頻度という点において、オーストラリアのチュートリアルとイギリスのチュートリアルは大きく異なっている。

(4) 学生の役割

ASUによると、チュートリアルにおける学生の役割は5つあるとされている。それらは、「①トピックに関して事前に十分準備する、②ディスカッションへ積極的に参加する、③ディスカッションの論点について、自分の理解を確かなものにするために質問をする、④自分の考えを述べ、他の人にも考えてもらう、⑤他の人の考えを尊重して聞く」、の5点である[22]。

その中で、「①のチュートリアルに向けての準備については、準備をすればするほど、チュートリアルは価値あるものになる」とされ、一般

的にチュートリアルの前には、「指定文献のリーディング・リスト」と（あるいは）、「推薦文献のリーディング・リスト」が渡され、それを読んでくることが求められる。また、文献や講義についての質問やコメントを、チュートリアルでのディスカッションのために書き留めておくことも大切である[23]。

メルボルン大学の学生向けの資料には、「たとえ少しも準備できなかったとしても、チュートリアルに出ないことのないようにすること。準備できていなくても、他の学生がそのトピックについてディスカッションしているのを聞いて、そこから学ぶことができるからである[24]。」と書かれている。これはイギリスのチュートリアルとの大きな違いである。イギリスのチュートリアルでは、チュートリアルに参加する全ての学生各々が事前に準備をしてくることは大前提であり、エッセイを書いてきていなければ、チュートリアルが実施されないこともある。

(5) チューターに求められるものとその役割

メルボルン大学経済学部（Faculty of Economics and Commerce）の教授・学習部門（Teaching and Learning Unit）の、カザリーとデイビス（2007）によると、チューターがディスカッションを導いていく上で大切なのは、学生からの反応を引き出すことである。そのためには、①答えを教えるのではなく、どのように考えるのかを示すこと、②学生が答えようとしたときには、それを奨励し、その考えをサポートし、その貢献を褒めること、が大事である[25]。

ルブリン（1987）によると、ディスカッションを展開する中で問題となってくるのが、学生の沈黙である。「オーストラリアのチュートリアルにおいて、沈黙はチューターから挙げられる1番の問題である。チューターは沈黙を恐れて、質問に対する答えを教えてしまったり、講義のようになってしまう可能性がある」。一方で、イギリスにおけるチュートリアルはオーストラリアよりも少人数であり、また、学生も準備をして

くることが義務づけられているため、チューターがこのように追い詰められることは少ない。さらに、ディスカッションの中で、チューターの介入が必要なときもある。それは、「①間違いを直せていないとき、②あまりにも長い時間がかかっているとき、③間違った方向に進んでいるとき、などである。介入の仕方としては、威圧的ではなく、遠回しに、学生によってそこまで話し合われたことの上に建設的につなげる形にする。できるだけ学生に主導権を与え、チューターは必要な分だけのインプットをする[26]」と述べている。

ルブリン (1987)、ジョーンズ (Jones, A. 2007)、カザリーとデイビス (2007) の主張をまとめると、チューターに求められるものは大きく分けて5つある。それは、①学生の興味を喚起すること、②練られた質問をすること、③待つこと、④聞くこと、⑤褒めるなどのフィードバックをすること、である。ここではそれらを1つずつ論ずる。

第一に、チューターには、学生を惹きつけるような創造的で興味深いチュートリアルを展開すること、学生を学ぶ気にさせること、教材を、理解しやすく、学生のさらなる研究に役立つようにアレンジすること、などが求められる[27]。

第二に、練られた質問をするというスキルは、チューターにとって最も重要なものの1つである。ジョーンズ (2007) によると、効果的に学ぶためには、学生が積極的に学ぶことが必要であり、積極的な学びを促す1つの方法が、質問をすることだからである[28]。ルブリン (1987) によると、チューターが行う最も大切なことの1つは、学生に、今持っている知識や態度から、その先の学びに挑戦させることである[29]。

質問には、大きく分けて2種類ある。それらは、open question（答えの広がる質問）と closed question（答えが限定される質問）である。open question とは、学生の考えを聞く質問であり、"why" "how" 等で始まるような質問のことである。一方、closed question とは Yes / No で答えられる質問や、"What is … ?" 等で始まるような質問のことである。

open question は、学生に説明や例示、要約を求めることができ、それにより、学生の理解度を確認することができる。ジョーンズ（2007）によると、学生が何を知っていて、チュートリアルのためにどれだけ準備してきたかを、特定できるような質問をチューターがすることで、学生側も、チューターが学生の学びに関心を持っていることを知る[30]。ルブリン（1987）によると、チューターが質問をする目的は、学生が洞察力を深める手助けをするためである[31]。

　第三に、学生のチュートリアルへの参加に大きな影響を持つ要素の1つが、チューターが質問をした後に、学生からの答えを待つ時間である。チュートリアルは、学生が考えを深め発展させるためにある。カザリーとデイビス（2007）によれば、学生に答えを教えるのではなく、学生に自ら発見したり決めたりするような環境を与えることが大切である[32]。ルブリン（1987）によると、チューターにとっては、学生のペースに合わせる忍耐力を持つことも大切であるにも関わらず[33]、チューターが質問をする上で最もよくある失敗は、学生に考える時間を十分に与えないことである。ジョーンズ（2007）によると、学生が話し始めるのを待つことで、学生の答えはよく考えられたものになり、意外な答えも生まれ、学生からチューターへの質問も引き出すことができるという[34]。

　第四に、チューターには良い聞き手であることも求められる[35]。学生の話を注意深く聞き、学生が間違った答えの方へ進んでいても、途中でさえぎらないことが大切である。なぜなら、学生の話を途中でさえぎると、学生が参加するのを奨励する環境を生み出せないからである。チューターが聞いているということを、アイコンタクトやあいづちで示すことも大切である。チュートリアルにおいてディスカッションが成功するか否かの鍵は、チューターがどう効果的に質問したり答えたりするかにある。ジョーンズ（2007）の言うように、チューターからの質問、質問の仕方、どの学生に聞くか、学生にどれだけ考える間を与えるかなどにより、ディスカッションは広がったり抑制されたりするのである[36]。

第五に、フィードバックは早ければ早いほど効果的である。ルブリン（1987）によると、チューターが、学生にした質問への答えにどのように反応するかは、学生が洞察力を深められるか、あるいは学生が自身を愚かだと捉えるかを決定づける上で影響が大きい。学生の答えが正しくても、役に立つものでも、あるいはそうでなくても、まずはすべての答えを認めることが大切である。何かをうまくできたときに褒められることは、大変モチベーションの高まることである。学生の洞察力や、学生が達成したことを、チューターが心から賞賛することで、学生は自尊心を高め、もう一度挑戦したいと思うことができる[37]。

2　チューターへの研修とその背景

　今日、オーストラリアの大学においては全体的に、チューター研修・導入プログラムが幅広く実施されてきていたり、チューターにティーチング・ガイドが配布されていたりする[38]。その理由を含めて、本項ではチューターへの研修を通して、今日のチュートリアルを取り巻く問題点と今後の可能性について考察する。

(1)　チューター相互授業観察

　ベルとムラデノビッチ（Bell & Mladenovic 2008）によれば、シドニー大学の経済学部（Faculty of Economics and Business）では、チューター研修プログラムの中で、チューターがお互いの授業を観察し合うという形態が2005年から導入されている。2005年には、この学部で雇用されている160人の非常勤のチューターのうち、52人がこの授業観察に参加した[39]。
　その結果、他のチューターの授業を観察して、良かった点と改善が必要な点が集計され明らかになった。良かった点は、多い順に、①学生が教材を理解するのにチュートリアルが役立っていた、②学生が参加していた、③授業の中で良い対話があった、等であった。一方で、改善が必要な点は、多い順に、①学生が教材を理解する助けになること、②学生

を参加させること、③プレゼンテーション技術と視覚的な教材の利用、ならびに、学生により多くのディスカッションの機会を与え参加を促すこと、等であった[40]。ここから、学生がチュートリアルに積極的に参加し、良い対話やディスカッションの機会があることが大切だと考えられていることが分かる。

さらに、全体的に改善が求められる共通点として明らかになったのは、①グループ内で互いにコミュニケーションをとること、②学生からフィードバックをもらい、学生へもフィードバックを与えること、であった[41]。この2点めについては、チューター同士がお互いの授業を観察し合い、フィードバックをしたものをまとめた表からも見て取ることができる（表4-1）。

表4-1　チュートリアル相互観察の結果

フィードバック項目	肯定的	改善が必要	無回答
1. 目的や構成が分かりやすい	26（81%）	5（16%）	1（3%）
2. コースの他の授業とうまく融合している	30（94%）	1（3%）	1（3%）
3. チューターが、学生たちのやり取りを効果的に管理している	22（69%）	9（28%）	1（3%）
4. チューターが学生と良い関係を築き、学生のニーズに応えている	27（84%）	5（16%）	0
5. チューターの話が理解しやすい	27（84%）	5（16%）	0
6. チューターの説明や例示が学生の理解に役立っている	25（78%）	6（19%）	1（3%）
7. チューターが、学生のチュートリアルへの積極的な参加を奨励している	24（75%）	7（22%）	1（3%）
8. チューターのフィードバックが、学生の学びに役立っている	22（69%）	9（28%）	2（6%）
9. チューターがチュートリアルのトピックに関心を持ち積極的に取り組んでいる	29（91%）	3（9%）	0
10. チューターが学生から、チュートリアルに関するフィードバックをもらっている	13（41%）	17（53%）	2（6%）

出所）Bell, A. & Mladenovic, R., "The benefits of peer observation of teaching for tutor development", *Higher Education*. vol.55, 2008, Table 1 より筆者作成。
注）表中の数字は原著のママ。

また、「この授業観察に参加した結果、自身の授業実践をどのように変えていくか」という質問に対しては、「学生同士のコミュニケーションをもっと促していきたい」という答えが多かった[42]。ここから、チューターたちがこの研修に参加して、チューターと学生間のコミュニケーションだけではなく、学生同士のコミュニケーションが大切だと気づいたことが分かる。また、学生とチューターが、お互いにフィードバックし合うことの重要性についても主張されている。

(2) 大学への移行期におけるチューターの存在と役割

第2章で考察したように、イギリスでは、チューターの役割には学問的指導だけではなく道徳的指導が含まれていた。一方、オーストラリアでは、チューターの役割に道徳的指導は含まれず、講義で学んだことへの理解を深めるための学問的指導が主な役割であると考えられている。しかし昨今、オーストラリアの大学においては、学生の中等教育から大学への移行期における、大学側のサポートとして、チューターの道徳的指導の側面が、学生と大学の両者から求められるようになってきている。ここでは、学生が孤独を感じやすく、教員からのサポートが必要な初年次においてのチューターの存在と役割について、ローデンとダウリング（Rhoden, C. & Dowling, N. 2006）を中心に考察する。

オーストラリアの大学においてチューターは、小さなグループで、あるいは個別に、学生と向き合ってディスカッションすることが最も多い教員である。チューターは、学生が教員とコンタクトを取ろうとしたときに、1番近くにいる存在だが、チューターは多くの場合、学部の教員のうち、経験と資格という点では、最も浅い人たちである。つまり、学生の初年次の経験において、最前線にいるのは、最も資源に乏しく、資格も少ない教員なのである[43]。

大学側はチューターに対して、学生の学術面での成長だけでなく、特に1年生が大学にうまくなじめるよう、その経験をサポートするべきで

あると考えている[44]。なぜなら学生は、大学生活の初期において孤独を感じやすく、大学における新しい経験に圧倒されるため、特にその時期、学生同士や教員とのコミュニケーションが重要だからである[45]。大学側はチューターに対して、チュートリアルの1番の利点である、学生と教員の間でのディスカッションなどのコミュニケーションの機会を有効に活用してほしいと考えているのである。

　次に、大学側がチューターに期待していることについて詳しく見ていく。メルボルン大学では、学部によってチューターに期待される役割が異なるが[46]、大学側は、学生がチューターを、大学の指導員として頼る傾向に気づいており、ゆえに学生が、中等教育から大学というコミュニティに移行する上で、チューターの役割は不可欠だと考えている[47]。

　2005年に行われたメルボルン大学内での「学生の移行期フォーラム」では、チュートリアルについて、学生とチューターへのインタビュー結果についてのプレゼンテーションとパネルディスカッションが行われた。そこで最も議論の的となったのは、大学が学生へ提供する幅広いサービスの全てを、チューターが知っているべきかどうかという点であった。このフォーラムで明らかになったのは、チューターの中には、大学に関する幅広い知識とサービスを知っておくべきだと考えている者もいれば、自身の勉強や、学部への他の関わりによって時間が制約されるため、支払われる給与の範囲内でそれは不可能であると考えている者もいる。また学生をサポートする役割は、学部の事務職員の領域であると考えている者もいる、ということであった[48]。

　では、学生がチューターに期待しているものは何だろうか。ローデンとダウリング（2006）によれば、学生はチューターの役割をとても高く評価しており、彼らの学問的なコミュニティにおいて、最も重要な関係の1つであると考えている。実際、今日の学生とチューターの関係は、かつてないほど重要である。なぜなら学生は10年前に比べ、キャンパスで過ごす時間が減っており、両者が関わる時間も減っているから

である[49]。インタビュー調査から明らかになった、学生からの声を見てみると、「講義を行う教員とはあまり接触がないが、チューターのところへは真っ先に行く」とか、「チュートリアルは最も重要な部分である。いいチューターはそのコースの境界を越えてさらに学びたい気にさせてくれる」という[50]。また、「チューターは、あらゆる質問や、寮などに関しても、深い知識を持っておくべきだ[51]」と、学問的指導以上のことを期待している学生がいることも分かる。つまり、学生がチューターを、大学での経験の導き手として頼りにしていることは明らかなのである。学生はチューターとの関わりを、学問的なことやキャンパス内の文化やサービスにおいて、1年次の積極的な経験を決定づける、不可欠な要素であると考えている[52]。

　それでは、チューターは自身の仕事についてどのように捉えているのであろうか。「チューターは学生に対して、キャンパス内のサポートやサービスについて知らせるという役割を積極的に担うべきか」という点に関して、チューターたちは、時間の制約や、学生が受けられるサポートについての知識不足のため、様々な反応を見せた[53]。また、大部分のチューターが、学生の要求が以前よりも強くなってきていると考えていた。例えばチューターは、学生とのEメールでの関わりが増え、学生からのサービスへの期待が高まっていることに気付いていた[54]。実際にチューターの声を見てみると、「チュートリアルは、間違うことから学ぶ、討論の場である」が、「学生はチュートリアルを、自分の知識を試して、理解することを学ぶ場としてではなく、答えを見つける場所だと期待して来ていると思う」と感じているという[55]。「チュートリアルには、支払われる給料以上の時間をかけているが…[56]」、「1年生は、チュートリアルのために十分準備してこない。5〜10人は準備してくるが、残りの学生は、チュートリアルにおいて行う活動についていけない…[57]」といったように、チューターが抱える、理想と現実の間での葛藤が見て取れる。

ここまで、大学や学生からのチューターへの期待と、チューター自身の仕事の捉え方について見てきた。結局は、チューターが、授業担当者なのか、あるいは大学の指導員なのか[58]、という論点に立ち戻ることになる。

今日の学生は、大学での学びに従事し、自立していくという移行期において、チューターに対して、より包括的な役割を期待している。それに対してチューターの中には、チューターの役割の学問的な要素のみを強調する者もいれば、より全体的なアプローチを認めてはいるが、これらの要素を満たすことはできないと感じている者もいる[59]。

学生と教員間の期待のズレは、さらなる議論の余地があり、大学側も学部に対して、学生を大学生活に迎え入れる上でのチューターの重要性を認識させていきたいと考えている[60]。

ローデンとダウリング（2006）によれば、オーストラリアの大学において全体的に、チューター研修プログラムが幅広く実施されていたり、チューターにティーチング・ガイドは配布されている。一方で、「1年生が、大学への移行期にあるという認識も高まってきているが、チューターの研修マニュアルの中で、移行期について触れられているものはめったにない[61]」という。

大学側は、学生と定期的に接する者は、移行期ということを理解するだけでなく、学生へのサポートの構造と過程についての基本的な知識を身につけておく必要があり、少なくともチューターが学生に、必要なサポートを見い出すための正しい方向を示してくれることが望ましい[62]、と考えている。

3 オーストラリアの一般的なチュートリアルの要素

ここまで、本項では、現代のオーストラリアで一般的に行われているチュートリアルの実態を把握するために、その目的や意義、チューターや学生の役割などについて見てきた。それを、イギリスのチュートリア

ルとの比較表にすると次のようになる。(**表 4-2**)

表 4-2　チュートリアルの英豪比較

	イギリス（オックスブリッジ）	オーストラリア（主としてシドニー・メルボルン大学）
対象学生	学部生	学部生
チューターになる人	教員（＋一部大学院生）	講義を行った教員＋大学院生[63]
中心となる教授法	チュートリアル（講義はチュートリアルを補うもの）	講義（チュートリアルは講義を補うもの）
受講する学生数	1〜4人	12〜20人[64]
目的	卒業試験へ向けて、エッセイを書き進める	講義で学んだことの理解を深める
プレゼンテーションの頻度と内容	毎回、全員が書いてきたエッセイ課題を発表（あるいは提出）する	学生が交代で、まとめてきたものを発表する

出所）筆者作成。

　ここでオーストラリアのチュートリアルを、第1章で導き出した、オックスブリッジのチュートリアルを形成する4つの要素に照らし合わせてみたい。第1章で明らかになった、チュートリアルを形成する重要な要素は、形態的な特徴である、①学生主体、②少人数制と、機能的な特徴である、③ソクラテス的要素が含まれていること、④チューターに学問的指導と道徳的指導が兼ね備えられていること、であった。これらを以下で順に見ていく。

　①学生主体について、オーストラリアのチュートリアルでは、講義で学んだ内容を、主観的な意味を持つレベルで捉え直すことができる。また、チュートリアルは、学生が自立した学びへと移行していく手助けとなる。自立した学びとは、チュートリアルで間違っても、フィードバックから学び、問題への解決や、質問への答えにつなげていくことができるような学びのことである。さらにチュートリアルには、自由なディスカッションの機会や、学生の疑問や関心を追求する自由がある。このように、オーストラリアにおけるチュートリアルも、「学生主体」という

考え方に基づいている。しかし、学生に対してどこまで「主体性」を求めるかという程度が、オックスブリッジで見たような本来のチュートリアルとは異なっている。例えば、オーストラリアの大学では、チュートリアルへの準備をしてきていなくても、チュートリアルには参加すべきだという考え方などがそうである。すなわち、チュートリアルに参加する状態が受動的でもよいという点では、イギリスと大きく異なっている。

②少人数制についてであるが、イギリスにおける少人数の定義からすると、オーストラリアのチュートリアルは、もはや少人数ではない。確かに、講義を受講した学生を、より小さな集団に分けてチュートリアルを受講させるという点では、少人数を意識しているとは言える。また、講義より小さな集団で受けるチュートリアルにおいて、さらにグループ分けをするなど、少人数で学ばせることにこだわり、何とか近づけようとしているのは分かる。

③ソクラテス的要素が含まれているという点に関しては、オーストラリアのチューターに求められている、「練られた質問を open question の形ですること」や、「待つこと」というところに、その要素を見ることができる。なぜなら、エデルマン[65]（Edelman, J. 2013）によると、ソクラテス的要素とはそもそも、「チューターが学生を、発見への探求（journey）へ導いていくこと[66]」だからである。答えが限定される質問（closed question）ではなく、学生の考えを聞いたり、学生に説明、例示、要約を求めたりする、open question（答えの広がる質問）の形で質問することで、チューターは学生の理解度を把握することができる。またルブリン（1987）の言うように、そうした質問をし、学生に答えさせることで、学生は洞察力を深め、その先の学びへと挑戦していくことができるのである[67]。さらにジョーンズ（2007）の言うように、チューターが質問をした後に、学生が話し出すのを十分に待つことで、学生の答えはよく考えられたものになり、意外な答えも生まれてくるという[68]。よってソクラテス的要素の多くは維持されていると考えられる。

一方で、ボンド大学のステッサー[69]（Stuesser, L. 2009）が言うように、ソクラテス的要素を、「教員が絶え間なく学生に質問し、学生がその質問に答えることで、授業への参加を求められること[70]」と捉えると、オーストラリアのチュートリアルはその要素は弱いと言える。なぜなら、オーストラリアのチュートリアルは、講義で学んだことへの理解を深める時間であるため、学生からチューターに質問をすることが奨励されており、対面型のチュートリアルにおいては発言しなくても良いとさえされているからである。

④チューターに学問的指導と道徳的指導が兼ね備えられているという点については、意外なことが明らかとなった。オーストラリアのチュートリアルにおいては、本来、学問的指導が主であった。しかし近年、学生が増加し多様化したことにより、学生からの要求が以前よりも強くなってきている。学生は10年前に比べてキャンパスで過ごす時間が少なくなり、その代わりにEメール等ウェブ上で教員と関わる機会が増えてきている。そのため学生からは、学問的指導以外の指導を含め、教員からのサービスへの期待が高まっていることが明らかとなった。すなわち、学部生（特に新入生）が大学生活に馴染むために、チューターに、大学の指導員として、学問的指導を越えた道徳的指導のようなものが、学生と大学の双方から求められてきているのである。これは図らずも、本来のチュートリアルの姿へ近づいていっていると言うことができるだろう。

これらのことから、オーストラリアにおける一般的なチュートリアルについては、以下のことが言える。すなわち、チューターの機能のうち学問的指導に重きを置いた形で受容された、オーストラリアにおけるチュートリアルは、イギリスのチュートリアルの少人数制という要素が維持できなかったため、それに左右されるソクラテス的要素も弱くなっている。それでも、できるだけ学生が少人数で活動できるよう工夫がされており、学生主体という考えに基づいた指導が行われている。また昨

今の学生の増加や多様化により、チューターの道徳的指導の側面も、学問的指導と合わせて求められてきていることが明らかとなった。

第2節　新しい形の「チュートリアル」の実践

　本節では、現代のオーストラリアにおいて見られるようになってきた、新しい形の「チュートリアル」の実践について概観する。今日、伝統的な対面型のチュートリアル（face-to-face tutorial）を補うものとして、あるいはそれに代わるものとして、インターネットを駆使したウェブ上での「チュートリアル」（web-based tutorial, 以下、ウェブ・チュートリアルとする）の実践が見られるようになってきている。

　しかし、チュートリアルの核である、対面型での学生へのきめ細やかな教育と、コスト削減の極限であるかのように見えるインターネットを使った教育という、いわば両極端なものを、どのように組み合わせることが可能なのだろうか。また、ウェブ・チュートリアルの実践に至った背景は何だろうか。さらに、オーストラリアにおける新しい形の「チュートリアル」は、これまでのチュートリアルの流れの上に位置づくものなのかについて分析する。

1　対面型チュートリアルとウェブ・チュートリアルの併用
　　　——西オーストラリア大学における実践

　ここでは、伝統的な対面型のチュートリアルとウェブ・チュートリアルを併用している実践を、西オーストラリア大学（University of Western Australia）における取り組みを事例として考察する。第3章第1節でも述べたように、西オーストラリア大学は、1911年に創設された西オーストラリア州で最も歴史のある大学で、オーストラリア国内で戦前期に創設された6大学の1つでもある。そして現在では、オーストラリア国内の主要研究大学8校で構成されるGroup of Eight[71]の1つとなっている。同大学では、建築、人文科学、ビジネス、教育、工学、法学、体育、

医学、農学を学ぶことができる。

スウィーニー（Sweeney, J. 2004）らによれば、西オーストラリア大学のビジネス分野のマーケティングの授業では、講義を補うものとして、伝統的な対面型のチュートリアルと、ウェブ・チュートリアルが併用されている。本実践が行われるようになった背景には、柔軟な学びへのシフトの一環として、大学に対するインターネットを使うことへのニーズが高まったことが挙げられる。また、学生から、より柔軟な形態での授業実践を求める声が高まったことで、これら2種類のチュートリアルの実践が始まった。2004年の段階では、全11回行われるチュートリアルのうち、10回は対面型で、残りの1回はウェブ上で行われていた[72]。その後、変更が加えられ、今ではほぼ半分のチュートリアルがウェブ上で行われるようになった。1週目のチュートリアルではオリエンテーションを行い、2週目は対面型のチュートリアル、3週目はウェブ・チュートリアル、と交互に続く（**表 4-3**）。

また、ウェブ・チュートリアルが考案されたもう1つの背景として、留学生への対応がある。アジアからの留学生は、対面型のチュートリアルでは、発言せずにノートをとり続ける傾向がある。西オーストラリア大学のビジネス分野では、そうした留学生への対応の1つとしても、ウェブ・チュートリアルが考案された。なぜなら、英語を母国語とせず、対面型のチュートリアルではすぐに発言しにくいアジアからの留学生も、自分のペースで考えて発言できるウェブ・チュートリアルには積極的に参加するからである[74]。

スウィーニーとイングラム（Sweeney & Ingram 2001）によれば、ウェブ・チュートリアルにおいて、「学生は自分の意見をウェブ上に投稿し、数日後に再度ログインする。そして他学生の意見を読み、よく考えてから、再び自身の意見を書く」[75]という。このようなプロセスの中で、学生の思考は深められる。ウェブ・チュートリアルには、語学力が十分ないと発言しにくい雰囲気の対面型のチュートリアルを補い、あまり発言しな

い学生たちも取り込んで、学生の参加性を高めるという狙いがある。

表4-3　西オーストラリア大学ビジネス分野のチュートリアルの実施形態

	チュートリアルの形態
Week 1	オリエンテーション
Week 2	対面型
Week 3	ウェブ（練習）
Week 4	対面型
Week 5	ウェブ
Week 6	対面型
Week 7	ウェブ
Week 8	対面型
Week 9	ウェブ
学期の中休み	
Week 10	対面型
Week 11	ウェブ
Week 12	対面型
Week 13	ウェブ

出所）2004年度、西オーストラリア大学におけるビジネス・マーケティングの授業資料[73]より筆者作成。

　ウェブ・チュートリアルのメリットは、受講者全員が同時にディスカッションしなくてよいため、学生は自分たちの都合の良い時間にログインし、ディスカッションに加わることができることである。また、対面型のチュートリアルに比べ、教室、チューター、配布資料などの面でコストを抑えられるというメリットもある[76]。

　一方、デメリットとして、対面型のチュートリアルではチューターから直接模範となるような答えをもらえるが、ウェブ・チュートリアルではそれがもらえないという意見が、学生から出ていた。こうして、学生がウェブ上でもフィードバックを必要としていることが明らかになったため、ウェブ・チュートリアルで扱うケース・スタディに対するコメントも、ウェブ上に載せるという改善が加えられた。教員たちは、このように情報を共有することは、学びのプロセスの一環だと捉えている[77]。

ウェブ・チュートリアルが浸透してきているのは、ウェブ・チュートリアルが、①コスト削減による経営の効率化、②教育の質向上、③留学生の増加、という3つの状況に対応しているからだと考えられる。

学生の中には、ウェブ・チュートリアルは、対面型のチュートリアルに比べて難しいと捉える者もいれば、発言の自由があり、より深い学びができるので良いと捉える者もいる[78]。そのため、対面型とウェブの両スタイルのチュートリアルを組み合わせることで、多様な学生のニーズに対応しているのである。

2　講義と「チュートリアル」の融合
──クイーンズランド工科大学におけるレクトリアルの実践

次に、講義と「チュートリアル」を融合させた、ワークショップ型のレクトリアルという新たな実践を取り上げる。科学技術の発展によって大学は、教育の質を下げずに、より柔軟な学習環境を学生に提供できるようになってきた。より少ない資源でより多くの学生を教えるという要求に対応するため、大学教員には、コンピュータを使った学習技術の活用が求められており、その中核に位置づけられるのが、オンラインでの学習機会である。その結果、eラーニングの利用は、高等教育段階においてますます増加してきている[79]。オーストラリアの高等教育においては、学生の学びに対するアカウンタビリティが、ますます求められてきている。それは、学生が自身の学習機会に対して自ら費用を払っているからであり、学生のニーズや状況に対応した教育が、ますます求められるようになってきている。その結果、解説的な講義等の伝統的なアプローチに代わって、学生にとってできるだけ効果的で効率的な学びに焦点が当てられてきている[80]。

ブリスベンの公立大学であるクイーンズランド工科大学（Queensland University of Technology）の法学部では、大人数に対して行われる講義（lecture）と、少人数に対して行われる「チュートリアル」（tutorial）を融

合させた、ワークショップ型のレクトリアル（workshop lectorial）が実践されている[81]。クイーンズランド工科大学は、第3章第3節で見たように、高等教育カレッジ（以下CAE）セクター内の統合によって1989年に誕生した大学である。レクトリアルとは、チュートリアルのメリットを残しつつ、大規模化させる試みである。本実践は、1999年から実施されているプロジェクト（The Action Research Teaching Delivery Project）の流れを汲んでいる。1999年のプロジェクト開始当初は、大人数での講義と、それに続く少人数でのチュートリアルという、比較的伝統的な教授形態が用いられていた。しかし、このやり方には3つの問題点、すなわち、①講義が解説的であること、②教員と学生の対話の欠如、③学期の中休み（mid-semester break）後に、講義への出席率が低下すること、があった[82]。プロジェクト開始から5年を経て、新たな目標が見えてきた。それは、学生の学習環境を高めることであり、学生の質の高い学びをサポートしながら、カリキュラム内にオンラインでの授業を柔軟に組み合わせることである。そのことをふまえ、2004年度の1学期にフィールド（Field, M. R.）によって、講義と「チュートリアル」を混ぜて行うレクトリアルと、オンラインでのディスカッションを組み合わせた授業実践が行われた[83]。本実践の目的は、学生の考えを刺激し興味を引き出すことで、その学びをより効果的に促進し[84]、また、学生の効率的な学びの可能性を探究することである。本実践は、①対面型の授業を通して可能となる直接的なコミュニケーションと、②オンラインの形態を採ることによって実現される、毎週のキャンパス通いからの解放という、学生からの2つのニーズに応えるものとなっている[85]。

　本授業実践は、2005年からは、教授と効果的な学習を促進し向上させるためのプログラム（Teaching Fellowship Programme）として、大学からのサポートを受けて実施された。この授業は選択科目であり、毎年1学期に、2～3年生向けの授業として、約70人の学生を対象に開講される。2005年に実施された、「対面型／オンライン混合モデル」には、効果的

で効率的な学びを達成するために、次の3つの要素が含まれている[86]。

　第一に、学生にワークブック式の学習ガイド（workbook style study guide）を配布し、単元の内容を提示している。この学習ガイドは学生の自立した学びを促すためのもので、そこには授業の要約、リーディング・リスト[87]、考える際のポイント、ディスカッション・トピック等が書かれている[88]。

　第二に、伝統的な講義が、学生が能動的に学ぶための、ワークショップ型のレクトリアルに置き換えられている。これは、伝統的な講義では、講義で教員が話すことを、学生自らが、自身の既存知識と関連付けなければいけないため、学生への負担が大きいことへの反省からである[89]。解説的な講義を受動的に聴くという学習環境では、学生は不安になったり分からなくなったりして、学生の学びは浅いものになってしまう。一方で、講義という形態には、一度に大人数に対して、考え方や問題解決の仕方を説明できるメリットもある。よって、より重要なのは、講義という形態を採るか否かではなく、「講義の時間に何をするか」「講義をどのように効果的に行うか」ということである、とフィールド（2004）は考えた[90]。

　ワークショップ型のレクトリアルは、初めの2週と、その後隔週で行われ、それ以外の週には、オンラインでのディスカッションが行われる[91]。このレクトリアルは、学生同士が信頼しあえる学習コミュニティを作るのと同時に、学生の深い学びを促すために、刺激的な学習環境が生み出されるようデザインされている。授業の中で学生は、講師からの質問に答えたり、少人数で活動をしたり、大きなグループでディスカッションをしたりする。それらのディスカッションはワードやパワーポイントを使って記録される。2時間のレクトリアルの中で学生は、講師と、あるいは学生同士で、話す・読む・書く・考えるなどの様々な活動を通して、主体的に学ぶことができる。例えば、問題解決の際には、隣の席の人と話すバズ・グループ（buzz groups）が用いられたり、基礎知識を確認さ

せるときには、学生1人1人にブレイン・ストーミングをさせたりする。また、グループワークのフィードバック・セッションでは、他学生の前で、パワーポイントを使って内容をまとめさせたりする。

このレクトリアルを受講した学生の感想は、「このワークショップ型レクトリアルのアプローチのお陰で、私たちはより深い議論ができたし、問題や考えをさらに探求することができた」とか、「ただ授業に出て座っているだけではなく、それ以上のことを講師は学生に求めてくれた」と、肯定的なものが多かった[92]。一方で、「授業中眠くならないように、もっと言葉のやりとりをする場がほしい」とか、「単なる講義ではなく、もっと学生が関わっていけるような環境にできるのではないか」という否定的な意見もあった[93]。このような意見から、本実践では、伝統的な講義からの脱却が十分に図れておらず、教員と学生の対話も十分に行われていない可能性が示唆される。

第三に、オンラインでのディスカッションが、学期中5回に渡って実施され、その評価が本授業全体の成績の30%に充てられる。これは、フィールド（2005）によると、評価があった方が、学生はその学びのスタイルに対して価値を見出すからである[94]。オンラインで学ぶ週には、ワークブック式の学習ガイドから3つのディスカッション・トピックが取り上げられるが、学生はそこから1つ選び、ディスカッションに参加する。ディスカッション・トピックは系統立てられてはいるものの、正しい答えや間違った答えがあるわけではなく、学生に幅広い視野を持たせる工夫がされている[95]。本授業の実践者であるフィールド（2005）は、オンラインでの通知やEメールを使って学生とのコミュニケーションを図ることで、学生のモチベーションを高めた、と述べている[96]。この授業を受けた感想として、全ての学生が「この授業で使われている教授法が彼らの学びに役に立った」と「思う」かあるいは「強く思う」と答えた[97]。それは、協力的な学習環境の中で、間違うことは想定されており、ゆえに許容され、考えを探求することが奨励されているからであ

る、とフィールド（2005）は結論づけている[98]。しかし、オンラインでのディスカッションについては、学生から「オンラインでの学びは便利ではあるが、私の学びを全然サポートしてくれなかった。なぜなら、他の学生たちが参加しようとしなかったから。」という反応があった。学生は、自らモチベーションを上げることができないようであり、サポートされていないと感じるようであった[99]。

　本授業実践の背景にある考え方は、*Learning to teach in Higher Education*の著者であり、シドニー大学の元教員であるラムズデン（Ramsden, P）による6つの原則である[100]。それらは、①学生の興味を確かなものにすること（学びの素材を、学生の「喜び」にすること）、②学生と、学生の学びに対して、関心と敬意を持つこと、③適切な評価やフィードバックを与えること、④学生に明確な目的を持たせ、知的な挑戦をさせること、⑤学生の自立、コントロール、積極的な関わりを奨励するような学びの環境を生み出すこと、⑥教員も学生から学ぶこと、である。これらの原則が、本授業では実践に移され、適切なフィードバックをしたり、学生の関心に焦点を当てたり、学生の積極的な学びに刺激を与え奨励している、とフィールド（2005）は述べている[101]。しかし、前述の学生の「単なる講義ではなく」、「眠くならないような」授業を求める感想からも、教員から学生に十分なフィードバックが与えられているのか、また、学生の学びに刺激を与えることができているのか疑問が残るところではある。

　このように、クイーンズランド工科大学の実践では、教育の質向上を踏まえながら、学生のニーズに合わせて教授形態を柔軟に変容させてきている。その中で、講義と「チュートリアル」を融合させた、ワークショップ型のレクトリアルという新たな実践が行われていることが分かった。しかし、「もっと学生が関わっていける」ような、「言葉のやりとりをする場がほしい」という学生の声に象徴的なように、レクトリアルという、半分はレクチャー（講義）であることによる限界があることも明らかに

なった。また、クイーンズランド工科大学は、CAEのセクター間統合によって誕生した大学であるため、レクトリアルは、学生の増加とそれに伴う授業の大規模化に対する苦肉の策であると見ることもできる。

3　ウェブ・チュートリアル
——南クイーンズランド大学における実践

次に、すべての授業をオンラインで実施するコースを持つ、南クイーンズランド大学（University of Southern Queensland, 以下 USQ とする）に着目する。USQは、第3章第3節で見たように、1992年に単独でCAEから大学へ昇格した。USQはCAEであった1977年から遠隔教育のコースも提供してきており、オン・キャンパスかオフ・キャンパス（オンラインコース）の形態で、学部と大学院レベルのプログラムを開設している。2014年の時点で、在校生約28,000人のうち、70％以上の学生が遠隔教育の形態で学んでいる。

オン・キャンパスの各コースでは、週1回、2時間の講義が行われる。学生数が多いため、講義は大講義室で行われることが多い。講師は多くの場合、準備してきた内容について話すが、その中で、最近の話題を例に出したり、重要なトピックについてディスカッションをしたり、課題への準備についての指示をしたりもする。学生の多くは、課題や試験に備え、講義を受けながらノートを取るが、講義では普通、学生と講師の間に双方向的なやりとりはほとんどない。なお、自然科学や工学の分野では、講義に加え、実験など専門的で実践的な活動を行う演習の授業もある[102]。

オン・キャンパスの多くのコースでは、講義の他に、週1～2時間の対面型のチュートリアルが行われる。チュートリアルでは、少人数の学生に対して、より学生の関心に惹きつけた双方向的なやり方で、その週の講義内容を復習する。USQにおいて、チュートリアルを担当するのは、講義を行った講師か、チューターと呼ばれるTA（Teaching Assistant）

である。学生はチューターにどんな質問をすることもでき、講義で分からなかったことについて説明を求めることもできる。チュートリアルには、グループ・ディスカッションが含まれていることが多く、事例を通して学んだり、練習問題を解く機会が与えられていたりする[103]。

　USQによれば、対面型のチュートリアルとは、チュートリアルのために読んできた文献や、講義で学んだ概念についてディスカッションをする場である。チュートリアルを最大限活用するためには、学生が事前に準備してくることが重要である。事前準備として最適な方法は、必要な文献を読んでおくこと、講義に出てノートを取ることである。疑問に思ったことはどんなことでも書き留め、チュートリアルに持ってくることが大切である。学生は、チュートリアルを通して、コースの内容への理解を深めることができる。学生はチューターに質問をすることでチュートリアルに参加するが、話したくなければ話さなくてもよい。というのは多くの場合、チュートリアルにおける「パフォーマンス」は評価されないからだ。加えてチューターは、大学で受けられるサポートについてもアドバイスを行う[104]。さらに、オン・キャンパスとオフ・キャンパスで学ぶ全ての学生に Student Relationship Officer（以下、SROとする）を割り当て、学生をサポートすることで、チューターの道徳的指導の部分を補っている[105]。

　このように、USQでは、オン・キャンパスの（キャンパス内で学ぶ）学生に向けた対面型のチュートリアルも充実しているが、一方で、オフ・キャンパスの学生に対しても、ウェブ・チュートリアルによって、できるだけ双方向的（interactive）で能動的な学びが促されている。例えば心理学の分野では、インターネットを使った双方向的なウェブ・チュートリアルが実践されている。360人が受講している1年生向けのコースや、210人が受講している2年生向けのコースにおいては、Elluminateというサービスを使い、ビデオ、ホワイトボード、音声やテキストによるチャットを駆使した、双方向的なウェブ・チュートリアルが行われてい

る。講義はすべてライブで行われ、学生が後から見ることもできるように録画されている。双方向的なウェブ・チュートリアルにおいて、学生は、講師が事前に準備したスライドを見たり、それについて講師が話すのを聞いたり、講師に質問したりすることができる。学生は、講師からの質問に対する答えを選択肢から選びウェブ上で投票したり、ホワイトボードに書き込んだりして、様々な情報をリアルタイムで講師と共有することができる[106]。

　このように工夫された授業が実施されている背景には、学生の大部分がキャンパス外で学んでいるということがある。オフ・キャンパスでの通信教育というと受動的な学びが連想されがちであるが、本実践では、双方向的で能動的な学びが目指されており、学生からの評価も高い[107]。しかし、CAE から大学に昇格したという背景を持つ USQ は、オフ・キャンパスで学ぶ学生に対して遠隔教育を行っていることによる限界もある。それは、ウェブ・チュートリアルの規模が大きすぎるということである。もちろん、ウェブ上で、答えの選択肢を投票させたり、ホワイトボードに書き込ませたりして、双方向的な学びが目指されているのは理解できるが、本来のチュートリアルほどの深い学びが、もはや対面型でもなく少人数でもない「チュートリアル」において、どこまで実現されうるのか疑問が残るところである。

4　新しい形の「チュートリアル」の要素

　以上、本節では、今日のオーストラリアにおける新しい形の「チュートリアル」の実践に焦点を当ててきた。今日、オーストラリアの大学教育においては、経営の効率化が推進される一方で、教育の質向上が求められている。オーストラリアの大学ではこれまでも、講義を補うものとしてチュートリアルが実践されてきたが、コストも時間もかかるチュートリアルが、今日の状況下でどのように維持されているのかを考察してきた。

その中で明らかになったのは、経営の効率化と教育の質向上の両側面が求められる中で、チュートリアルの一部が変容し維持されていることである。すなわち、伝統的には対面型で行われていたチュートリアルの一部に、ウェブ・チュートリアルを取り入れることによって効率化が図られているのである。しかし興味深いことに、この新しい形態の「チュートリアル」が考案された背景には、経営の効率化の流れの一方で、学生を放置せずサポートするための、教育の質向上への推進力が第一にあった。イギリスのチュートリアルと比べて、オーストラリアのチュートリアルはチューター1人に対する学生数が多く、規模が大きい。そのため意見が言えず、他の学生の間に埋もれてしまう学生もいる。語学力の面で不利な留学生なら、なおさらである。そのような学生をサポートするものとしても、ウェブ・チュートリアルは考案されたのである。この新しい形態の「チュートリアル」は、経営の効率化と教育の質向上の両者が求められる、今日の状況に対応し、変容した形であると言える。

　このようにオーストラリア国内で変容した、新しい形の「チュートリアル」には、第1章で導き出した、①学生主体、②少人数制、③ソクラテス的要素が含まれていること、④チューターに学問的指導と道徳的指導が兼ね備えられていることという、チュートリアルの原型を形成する4つの要素のうち、どういう要素が残っていて、どういう要素が残っていないのだろうか。

　①学生主体については、ウェブ上での「チュートリアル」は、自分のペースで考え、思考を深めた上で発言することができる。そしてその発言へのフィードバックや他の意見から学び、さらに思考を深めていくという点で、学生が主体的に学びを深めていくイギリスのチュートリアルの伝統を汲んでいると言える。語学力の面でハンディのある留学生でも、ウェブ上での「チュートリアル」は、自分のペースで主体的に学ぶことができることからも、学生の積極的な学びを促す形態であると言える。

　②少人数制についてであるが、ウェブ上で「チュートリアル」を受け

る人数は、各学生が選んだディスカッションの論点や、同時にログインしている学生数によって変動するが、最大で20人くらいになりうる。さらに、南クイーンズランド大学における実践ではこれよりも規模が大きくなる。よって、イギリスの1〜4人に対して行われるチュートリアルに比べて規模が大きく、もはや少人数制であると言うことはできない。

　③ソクラテス的要素についてであるが、先述のように、ソクラテス的要素とはそもそも、「チューターが学生を、発見への探求（journey）へ導いていくこと」である[108]。例えば、西オーストラリア大学では「知（wisdom）の探求」が校訓として掲げられているが、「知というのは、全ての人を同じ方法で奨励して、身につけさせられるものではない」、という[109]。よって、学生を1つの答えに導くのではなく、学生に幅広い観点を持たせることが目指されるウェブ・チュートリアルには、ソクラテス的要素が含まれていると言える。

　④チューターに学問的指導と道徳的指導が兼ね備えられているという点に関しては、オーストラリア国内で変容した新しい形の「チュートリアル」では、チューターの役割として学問的指導に重きが置かれており、道徳的指導の要素は受け継がれていない。しかし、例えば南クイーンズランド大学において、各学生にSROというサポート役を割り当てることで、チューターの道徳的指導の部分を補っているように、チューターの機能は分化され、受け継がれていると言える。これは、イギリス国内でのチュートリアルの伝播過程においても見られた変容であり、イギリスの新大学と同様、オーストラリアにおける新しい形の「チュートリアル」でも、チューターの役割が分化され維持されていることが分かった。

第3節　形態の変化を超えて維持されるチュートリアルの要素

　オーストラリアにおける新しい形の「チュートリアル」の考察から導き出したことを、本章第1節で述べた、オーストラリアにおける一般的なチュートリアルと比較してみると次のことが言える。

①学生主体については、オーストラリアにおける一般的なチュートリアルは、学生が講義で学んだことを主観的なレベルで捉え直す機会であり、学生の自立した学びへ移行していく手助けとなるという意味では、学生主体の考え方に基づいている。しかし、準備をしてきていなくてもチュートリアルに臨むべきだという考え方に見られるように、イギリスと比べると、求められる主体性の程度が異なっている。よって、学生主体の要素は緩やかに継承されていると言える。一方、オーストラリアにおける新しい形の「チュートリアル」では、学生は自分のペースで考え、思考を深めた後にウェブ上で発言し、他者の意見やフィードバックから学び、さらに思考を深めていくという点で、学生主体の要素は受け継がれていると言える。よって、新しい形の「チュートリアル」の方が、学生主体の要素は、より受け継がれていることが分かった。

②少人数制については、オーストラリアにおける一般的なチュートリアルは、イギリスの少人数の定義からすれば、もはや少人数ではない。しかし、講義を受講した学生をより小さな集団に分けてチュートリアルを受講させたり、チュートリアルにおいてもさらに小さなグループに分けてディスカッションをさせたりしている点では、少人数で学ばせることにこだわり、何とかして近づけようとしていると言える。一方、オーストラリアにおける新しい形の「チュートリアル」は、「チュートリアル」を受ける学生の規模が大きく、もはや少人数制であると言うことはできない。よって、両者ともに少人数制であるとは言えないが、オーストラリアにおける一般的なチュートリアルの方では、何とかして少しでも少人数の状態に近づけようと努力されていることが分かった。

③ソクラテス的要素については、オーストラリアにおける一般的なチュートリアルでは、チューターが学生に答えの広がる質問をしたり、学生の答えがよく考えられたものになるように、チューターが質問をした後に十分に待つことが強調されているという点で、ソクラテス的要素の多くは維持されていると考えられる。オーストラリアにおける新しい

形の「チュートリアル」でも、学生を1つの答えに導くのではなく、学生に幅広い観点を持たせることが目指されていた。よって、両者ともにソクラテス的要素の多くは維持されていると言える。

　一方で、ソクラテス的要素を、教員が学生に質問し、それに答えさせることだと捉えると[110]、オーストラリアのチュートリアルはその要素は弱いと言える。なぜなら、オーストラリアのチュートリアルは、講義で学んだことへの理解を深める時間であるため、学生からチューターに質問をすることが奨励されており、対面型のチュートリアルにおいては発言しなくても良いとさえされているからである。

　さらに、ソクラテス的要素は、②少人数制との関係が深いと言える。なぜなら、エデルマン（2013）の言うように、「ソクラテス的要素を含めることは、クラス規模が大きくなるほど難しくなる」からである。「オックスブリッジで2〜3人の学生を発見への探求に導くのは、20人や30人に対して同じことを行うのに比べて遥かにやさしい」、という[111]。よって、②少人数制が達成できない状況下でのチュートリアルにおいては、③ソクラテス的要素も同様に維持するのが容易ではないと言える。

　④チューターに学問的指導と道徳的指導が兼ね備えられているという点については、オーストラリアにおける一般的なチュートリアルでは、本来は学問的指導が主であったが、近年の学生の増加と多様化により、チューターに学問的指導を越えた道徳的指導のようなものも求められてきていることが分かった。一方、オーストラリアにおける新しい形の「チュートリアル」では、チューターの役割として学問的指導に重きが置かれており、道徳的指導の要素は受け継がれていないが、別に道徳的指導を行う人を割り当てることでその要素を補っている。これは、イギリスの新大学への伝播の際に見られたのと同様の変容であり、チューターの機能は分化され、維持されていることが分かった。よって、オーストラリアにおける新しい形の「チュートリアル」では、両機能は分化され維持されている一方で、オーストラリアにおける一般的なチュート

リアルにおいても、イギリスにおける両機能を兼ね備えた原型に近づいてきていることが分かった。

また、オーストラリアにおける新しい形の「チュートリアル」は、これまでのチュートリアルの流れの上に位置づくものなのかという点に関しては、以下のことが言える。②少人数制と、③ソクラテス的要素については、オーストラリアにおける一般的なチュートリアルと同様の変容をしている。④チューターに学問的指導と道徳的指導が兼ね備えられているという点に関しては、オーストラリアにおける新しい形の「チュートリアル」では、その機能が分化され維持されている。さらに、①学生主体に至っては、オーストラリアの一般的なチュートリアルに比べて、新しい形の「チュートリアル」の方がその要素は、より受け継がれている。よって、オーストラリアにおける新しい形の「チュートリアル」は、これまでのチュートリアルの流れの上に位置づくものであると言える。

注

1　筆者は、シドニー大学教授・学習センター（the Centre for Teaching and Learning）の専任講師（Senior Lecturer）である。

2　例えば、後述の南クイーンズランド大学（University of Southern Queensland）のHPでは、チュートリアルの説明のところに、"Ask questions and participate, but you don't have to talk if you don't want to: in most cases you're not assessed on 'performance' in tutorials (University of Melbourne)."と、メルボルン大学のものが引用されている。"Tutorials", The Learning Centre, USQ.（http://www.usq.edu.au/learningcentre/alsonline/lecttuts/Tuts 2010/01/22 アクセス確認）

3　Cazaly, C. & Davies, M., "How to Structure and Teach a Tutorial", Teaching and Learning Unit at Faculty of Economics and Commerce, The University of Melbourne, 2007, p.3.

4　"Tutorials — How to get the most out of 'tutes'", Academic Skills Unit（以下ASUとする）, The University of Melbourne, 年不詳, p.1.
　　（http://services.unimelb.edu.au/__data/assets/pdf_file/0003/471279/Tutorials_Update_051112.pdf 2015/12/16 最終アクセス）

5　Lublin, J., "Conducting Tutorials", HERDSA Green Guides Series,

Higher Education Research and Development Society of Australia, 1987, pp.1-2.
6　ASU, *op.cit.*, p.1.
7　Lublin, J. (1987) *op.cit.*, p.1.
8　Cazaly, C. & Davies, M. (2007) *op.cit.*, p.3.
9　ASU, *op.cit.*, p.1.
10　Lublin, J. (1987) *op.cit.*, p.1.
11　"What is a tutorial?", Tutorial Registration, University of Western Sydney. (http://www.uws.edu.au/currentstudents/current_students/enrolment/tutorial_registration 2015/1/25 アクセス確認)
12　"Participating in Tutorials", The University of Adelaide. (http://www.adelaide.edu.au/writingcentre/learning_guides/learningGuide_participatingInTutorials.pdf 2015/2/1 アクセス確認)
13　"What to Expect", Faculty of Arts and Social Sciences, The University of Sydney. (http://sydney.edu.au/arts/future_students/what_to_expect.shtml 2015/1/25 アクセス確認)
14　Bell, A. & Mladenovic, R., "The benefits of peer observation of teaching for tutor development", *Higher Education*. vol.55, 2008, p.739.
15　Lublin, J. (1987) *op.cit.*, pp.19-20.
16　Rhoden, C. & Dowling, N., "Why tutors matter: realities of their role in transition", Refereed paper, 2006, p.2.
17　Bell, A. & Mladenovic, R. (2008) *op.cit.*, p.5.
18　Lublin, J. (1987) *op.cit.*, pp.4-6, p.28.
19　ASU, *op.cit.*, p.2.
20　Lublin, J. (1987) *op.cit.*, pp.18-19.
21　*Ibid.*, p.28.
22　ASU, *op.cit.*, p.1.
23　*Ibid.*
24　*Ibid.*
25　Cazaly, C. & Davies, M. (2007) *op.cit.*, p.7.
26　Lublin, J. (1987) *op.cit.*, pp.21-22.
27　Cazaly, C. & Davies, M. (2007) *op.cit.*, p.5.
28　Jones, A., "Tutorial Questioning Technique", Teaching and Learning Unit at Faculty of Economics and Commerce, The University of Melbourne, 2007, p.3.
29　Lublin, J. (1987) *op.cit.*, p.23.
30　Jones, A. (2007) *op.cit.*, p.4.

31　Lublin, J. (1987) *op.cit.*, p.25.
32　Cazaly, C. & Davies, M. (2007) *op.cit.*, p.11.
33　Lublin, J. (1987) *op.cit.*, p.25.
34　Jones, A. (2007) *op.cit.*, p.3, p.5.
35　Cazaly, C. & Davies, M. (2007) *op.cit.*, p.5.
36　Jones, A. (2007) *op.cit.*, p.3, p.5.
37　Lublin, J. (1987) *op.cit.*, p.9, p.25.
38　Rhoden, C. & Dowling, N. (2006) *op.cit.*, p.1, p.6.
39　Bell, A. & Mladenovic, R. (2008) *op.cit.*, p.1, p.6.
40　*Ibid.*, p.10.
41　*Ibid.*, p.15.
42　*Ibid.*, p.11.
43　Rhoden, C. & Dowling, N. (2006) *op.cit.*, pp.1-2, p.6.
　　今日のチューターは、学生の多様性に直面している。チューターより年上の学生もいれば、より経験が豊富な学生もいるし、チューターより知識や技術を持った学生もいる。また、教員の非常勤雇用への切り替えが、チューターの学生との関わりに影響を与えている。(Ib*id., p.*2.)
44　*Ibid.*, p.1.
45　Cazaly, C. & Davies, M. (2007) *op.cit.*, p.3.
46　Rhoden, C. & Dowling, N. (2006) *op.cit.*, p.2.
　　メルボルン大学におけるチューターの役割は、学部によって様々である。チューターに、講義に出席し、評価対象となる課題を決めるサポートを求める学部もあれば、学生の出席率を保ち欠席者のサポートをすること、学生の社会的なふれあいを促すこと、「いつでもチューターデスク」を置くこと、学生の個別の成長をインタビューすること、課題の評価や学生からのフィードバックにうまく対処することを求める学部まであり、学部によってチューターに期待することが異なっている。
47　*Ibid.*, p.3.
48　*Ibid.*
49　*Ibid.*
50　*Ibid.*, p.4.
51　*Ibid.*
52　*Ibid.*
53　*Ibid.*
54　*Ibid.*, pp.4-5.
55　*Ibid.*, p.5.
56　*Ibid.*

57 *Ibid.*
58 *Ibid.*, p.6.
59 *Ibid.*
60 *Ibid.*
61 *Ibid.*, pp.6-7.
62 *Ibid.*, p.7.
63 講義のすぐ後に、講義を受けた学生をいくつかのグループに分けて、チュートリアルが行われるためである。
64 教員対学生比については前述のようにルブリン（Lublin）は、典型的に1対12～15だが、1対30がないわけではないとしている。一方、西シドニー大学では1対25、アデレード大学では1対20～40、シドニー大学の経済とビジネスの学部では1対20であるため、ここでは間をとり1対12～20とした。
65 西オーストラリア大学の卒業生で、元オックスフォード大学法学部の教授である。現在は西オーストラリアの最高裁判所の裁判官であり、西オーストラリア大学やUNSW（University of New South Wales）でも教鞭をとる。
66 Edelman, J. "Challenges for University education in the next century", Convocation of UWA Graduates, Sept. 2013, p.6.（http://www.supremecourt.wa.gov.au/S/speeches_2013.aspx?uid=9442-1219-8077-2336 2015/11/07 アクセス確認）
67 Lublin, J.（1987）op.cit., p.23, p.25.
68 Jones, A.（2007）*op.cit.*, p.3, p.5.
69 オーストラリアのボンド大学（Bond University）法学部の教授である。
70 Stuesser, L., "A Reflection on the Bond Model of Teaching", *Bond Law Review*. Vol. 21, Article 6, 2009, p.167.（http://epublications.bond.edu.au/blr/vol21/iss3/6 2015/11/07 アクセス確認）
71 Group of Eight（Go8）とは、オーストラリアの主要研究大学8校で構成されている組織である。メルボルン大学、オーストラリア国立大学、シドニー大学、クイーンズランド大学、西オーストラリア大学、アデレード大学、モナシュ大学、UNSWが含まれる。
72 Sweeney, J. *et.al.*, "Traditional face-to-face and web-based tutorials: a study of university students' perspectives on the roles of tutorial participants", *Teaching in Higher Education*. Vol.9, No.3, July 2004, Routledge, pp.314-315.
73 "Consumer Services and Retailing 311 - Unit Outline", Business School, The University of Western Australia. 2004, p.2.
74 Sweeney, J. & Ingram, D., "A Comparison of Traditional and Web-

Based Tutorials in Marketing Education: An Exploratory Study", *Journal of Marketing Education*. April 2001, p.59.
75 *Ibid*.
76 Sweeney, J. *et.al*. (2004) *op.cit.*, p.318, p.321.
77 *Ibid.*, pp.319-320.
78 *Ibid.*, p.321.
79 Field, M. R., "Favourable Conditions for Effective and Efficient Learning in a Blended Face-to-face/Online Method", Conference Paper, Ascilite 2005: Balance, Fidelity, Mobility: Maintaining the Momentum, QUT, 2005, p.1.
80 *Ibid.*, p.8.
81 Field, M. R., "Student responses to an academic's search for a flexible-alternative-quality teaching delivery method", Conference Paper, Online Learning and Teaching Conference, November 2004, p.3.
82 *Ibid.*, p.1.
83 *Ibid.*, pp.1-2.
84 *Ibid.*, p.3.
85 *Ibid.*, p.1.
86 Field, M. R. (2005) *op.cit.*, pp.1-2.
87 リーディング・リストとは、読むべき文献についてリストアップされたもののことである。
88 Field, M. R. (2005) *op.cit.*, p.2.
89 Field, M. R. (2004) *op.cit.*, p.2.
90 *Ibid.*, p.3.
91 2004年の実践では、ワークショップ型のレクトリアルとオンラインでのディスカッションの日程が2005年とは異なっていた。2004年には、前半の6週間は各2時間のワークショップ型レクトリアルが行われ、後半の6週間はオンラインでの実践が行われた。その結果、後半のオンラインでの授業への参加率が大きく下がり、学生の反応も芳しくなかった。（Ibid., p.2, p.6.）そのため、2005年の実践では日程も、評価の面でも、修正が加えられ、ワークショップ型のレクトリアルとオンラインでのディスカッションを交互で行うようになった。
92 *Ibid.*, pp.3-4.
93 *Ibid.*, p.4.
94 Field, M. R. (2005) *op.cit.*, p.2, p.8.
95 *Ibid.*, p.2.
96 *Ibid.*, p.6.

97 *Ibid.*, p.2.
98 *Ibid.*, pp.7-8.
99 Field, M. R.（2004）*op.cit.*, p.6.
100 Field, M. R.（2005）*op.cit.*, pp.3-4.
101 *Ibid.*, pp.3-4, p.7.
102 "Future students", USQ.
 （http://www.usq.edu.au/futurestudents/oncampus 2010/01/26 アクセス確認）
103 *Ibid.*
104 "Tutorials", The Learning Centre, USQ.（http://www.usq.edu.au/learningcentre/alsonline/lecttuts/Tuts 2010/01/22 アクセス確認）
105 "QTAC-Institution Details", University of Southern Queensland.
 （http://www.qtac.edu.au/Schools/SchoolsList/USQ.html 2015/03/08 アクセス確認）
106 "Elluminating Tutorials", Learning and Teaching, USQ.（http://www.usq.edu.au/learnteach/learnres/exemplars/telexamples/ellum 2010/01/26 アクセス確認）
107 *Ibid.*
108 Edelman, J.（2013）*op.cit.*, p.6.
109 *Ibid.*
110 Stuesser, L.（2009）*op.cit.*, p.167.
111 Edelman, J.（2013）*op.cit.*, pp.6-7.

終　章

　本論文では、高等教育における教授形態であるチュートリアルが、オックスブリッジからイギリス国内の大学へ、さらには国境を越えてオーストラリアの大学へ、伝播し変容していった過程について考察し、以下のことを明らかにした。

　第一に、オックスブリッジにおけるチュートリアルの歴史的変遷を考察することで、オックスブリッジにおけるチュートリアルを形成する要素として、一般に知られている、①学生主体、②少人数制という形態的特徴以外にも、チュートリアルのコアとなる要素があることを導き出した。チュートリアルというと、①学生主体と②少人数制という一部の側面だけが強調され理解されがちであるが、それらの形態的特徴だけでチュートリアルであるとみなすことはできない。なぜなら、それら2つの要素だけがチュートリアルを形成していると言うのであれば、ゼミなど、大学における他の教授形態にもそれらの要素を含んだものは存在しているからである。これらの形態的特徴以外に、チュートリアルのコアとなる要素、すなわち、③ソクラテス的要素が含まれていること、④チューターの役割に学問的指導と道徳的指導が兼ね備えられていることという機能的特徴を明らかにし、分析し直すことによって、チュートリアルの原型を明確に捉え直した。

　第二に、オックスブリッジから、イギリス国内の大学へのチュートリアルの伝播と変容について考察する中で、先に導き出したチュートリアルを形成する4つの要素のうち、ロンドン大学・市民大学と、新大学の

両者に継承されたものと、一方だけに継承されたものがあったことを明らかにした。両者に受け継がれている要素は、②少人数制だということが分かった。④チューターが学問的指導と道徳的指導を兼ね備えているという要素については、ロンドン大学・市民大学へは伝播の際にチューターの機能が学問的指導に偏るという変容が見られたが、その後、チューターが両指導を行うチュートリアルの原型に近づいてきている。ただし、その頻度はオックスブリッジに比べて低く、さらに、両指導が行われてはいるものの、道徳的指導の要素が強くなってきていることが明らかとなった。一方の新大学では、伝播当初は、両指導が兼ね備えられているか、あるいはチューターの機能を分化させることで両指導が行われていたが、今日では全体的に、チューターに両指導が兼ね備えられている新大学が増えてきている。ただし、その頻度は、ロンドン大学・市民大学と同じく、オックスブリッジに比べて低い。一方で、新大学の中でも、チュートリアルを教授形態の中心に位置づけ、学問的指導を主としたチュートリアルを行っている新大学では、チューターの機能は分化され維持されていることが明らかとなった。①学生主体や、③ソクラテス的要素については、ロンドン大学・市民大学ではチュートリアルの頻度が低く、また学問的指導にあまり重きが置かれていないため、学問的指導において有効な両要素は弱いことが分かった。新大学においても、ロンドン大学・市民大学と同じような頻度でしかチュートリアルを行っていない新大学では、①学生主体や、③ソクラテス的要素は同様に弱い。一方で、新大学の中でも、チュートリアルを教授形態の主要なものとして位置づけ、学問的指導に重きを置いたチュートリアルを行っている新大学では、①学生主体の要素は継承されており、③ソクラテス的要素についても、文系のスクールにおいて一部継承されていることが明らかとなった。

　第三に、イギリスからオーストラリアへの、高等教育制度やチュートリアルの伝播過程を考察する中で、大学というシステムの伝播と同時に、チュートリアルが大々的に取り入れられたわけではなかったことが明ら

かとなった。しかしその後、20世紀に入ってから、1人の教員によって、メルボルン大学にチュートリアルが導入され、そこから他大学へ、その教員の教え子たちとともに伝播していったことが明らかとなった。その上で、イギリスからオーストラリアへのチュートリアルの伝播を通して、第1章で導き出したチュートリアルを形成する4つの要素のうち、オーストラリアにおける一般的なチュートリアルと、オーストラリア国内で変容した新しい形の「チュートリアル」の両者に受け継がれたものと、一方だけに受け継がれたものがあったことを明らかにした。①学生主体については、オーストラリアにおける一般的なチュートリアルよりも、新しい形の「チュートリアル」の方が、より継承されていることが明らかとなった。②少人数制については、オーストラリアにおける一般的なチュートリアルも、新しい形の「チュートリアル」も、受講する学生の規模が大きく、もはや少人数制であるとは言えない。しかし、オーストラリアにおける一般的なチュートリアルにおいては、少しでも少人数の状態に近づけようと様々な工夫がされていることが明らかとなった。③ソクラテス的要素については、両者ともに、学生を1つの答えに導くのではなく、学生に幅広い観点を持たせることが目指されており、ソクラテス的要素の多くは維持されていると言える。④チューターに学問的指導と道徳的指導が兼ね備えられているという点については、オーストラリアにおける新しい形の「チュートリアル」では、両機能は分化され維持されている一方で、オーストラリアにおける一般的なチュートリアルにおいても、大学側や学生からの要請により、イギリスにおける両機能を兼ね備えた原型に近づいてきていることが分かった。

第四に、チュートリアルの位置づけと目的について考察する。いつの時代にも、学生へのケアとして学問的指導と道徳的指導の両指導が求められていて、それらをどういう形で担保していくかが、大学によって異なっている。両指導のどちらをより重んじるのか、そのバランスの取り方によって、「大学におけるチュートリアルの位置づけ」にも違いが見

られる。これまで述べてきたことを、第1章で考察したアシュウィン (2005) による4パターンのチュートリアルの捉え方に照らし合わせると、この表には3つの要素を加えることができる (**表1-3改**)。オックスブリッジにおけるチュートリアルは、一部 Phase 2 も含まれるが、主としてパターン4のチュートリアルが目指されている。一方で、オーストラリアにおけるチュートリアルは、表のパターン1が目指されていると言える。なぜなら、オックスブリッジではチュートリアルが主要な教授形態と位置づけられ、講義がそれを補うものであるのに対し、オーストラリアでは講義が主要な教授形態で、チュートリアルは講義への理解を深めるための補助的な位置づけであり、その役割が異なっているからである。これに対して、イギリス国内では、ロンドン大学・市民大学においても、多くの新大学においても、チュートリアルの学問的指導という要素は弱まってきており、教授形態としてというよりも、学生がスムーズに学んでいけるためのサポートとして、道徳的指導を主としたチュートリアルの活用が進んでいることが明らかとなった。よって、イギリス国内に伝播したチュートリアルはもはやこの表の中に位置づくものではない。ここまで考察してきてやっと明らかになったことは、筆者が見た、オーストラリアにおけるチュートリアルは、実はイギリス国内へ伝播し変容したチュートリアルよりも、よほどオックスブリッジのチュートリアルの要素を汲んだものであったということである。さらに、学問的指導を主としたチュートリアルを行っている場合でも、チュートリアルの目的を、①理解の促進と捉えるか、②知識の伝達と捉えるかで、チュートリアルを形成する要素が変わりうることも分かった。すなわち、チュートリアルの目的を、②知識の伝達と捉えると、チュートリアルはより大人数の学生に対しても行うことができ、さらに表のように、チュートリアルを形成するその他の要素も左右しうることが明らかとなった。

　これらの分析から、チュートリアルをチュートリアルたらしめている

要素について以下のように言うことができる。イギリスでは「少人数制」という要素が重視されたため、チュートリアルは教育活動の中心からは切り離され、周辺へと追いやられていった。現在では、学生をサポートするサービスの一環として形骸化して残った。一方、オーストラリアにおけるチュートリアルを考察する中で、チュートリアルをチュートリアルたらしめている要素は、実は少人数制というのではないことが明らかとなった。少人数制というのがチュートリアルの条件のように言われているが、必ずしも必須なものではないことが分かった。オーストラリアにおいて展開されてきたチュートリアルでは、チュートリアルをチュートリアルと呼ぶために、少人数という要素とは違う要素が重視された。そしてその要素が、チュートリアルを構成する主たる要素であり、チュートリアルを特徴づけるものではないだろうか。すなわち、オーストラリアは、チュートリアルのコアにある要素だけを継承したのである。そして、教育活動の中心である講義と、チュートリアルをセットにして活用することで、チュートリアルを教授形態のコアに置き続けている。それは、オーストラリアの大学がチュートリアルに教授形態としての価値を見出しているからである。チュートリアルは「少人数制」であることが大切だと考えられてきたが、実は、代替できる環境があれば、チュートリアルを効果的に行うことは可能なのである。オーストラリアの例が、チュートリアルが少人数でなくても実施できることを示しているのではないだろうか。

表 1-3（改） 4パターンのチュートリアルの捉え方

	パターン 1	パターン 2
チュートリアルとは	学生が理解していないことを、チューターが説明すること	チューターがその科目をどのように理解しているかを、学生に示すこと
チュートリアルの目的	学生の学びの状況を確認し、効率的に<u>知識を伝達すること</u>	学生が、あるトピックについて、<u>チューターと同じような理解ができること</u>
チュートリアルに向けての準備（予習課題）	チューターが学生の知識を評価するために使うエッセイを、学生が用意してくること	学生がチューターに、チュートリアルのために学んできた題材について、どれだけ理解してきたかを示すこと
学生の役割	チューターからの質問に答えるために、予習で得た知識を使う。チューターからの知識を吸収する。	予習で得た考えと比較しながら、チューターの考えについてディスカッションする。
チューターの役割	学生の学びの状況を確認する。学生にそのトピックに関する新しい知識を提供する。	学生に質問をすることで、そのトピックに対する、学生のもともとの理解を超えさせる。
学生の知識観	<u>知識とは、蓄積するもので、議論される余地のないもの。</u> →古い知識に、新しい知識を問題なく加えることができる。また、ある事実が与えられたときそれを解釈する「正しい」方法がある。	<u>知識とは議論される余地のないものだが、蓄積されていくものではない。</u> あるトピックについての理解は、事実の蓄積を超えたものに基づいている。

                大人数でも可　←
                Phase 2　　←
            教員主体（teacher-centred）　←

パターン3	パターン4
学生が、その学問分野のより広い文脈で、新しい見方ができるように、チューターが物事を関連づけること	<u>チューターと学生が、あるトピックについての異なる見方を交換し、両者が新しい理解に達する</u>こと
学生が、あるトピックについて<u>の新しい見方を得るために、考えを深めること</u> (<u>この見方は、チューターにとっても新しいものであり得る。</u>)	学生とチューターが、あるトピックに関する考えを発展させること
学生が、あるトピックについてディスカッションを展開させてくること。それを中心にチュートリアルが行われる。	学生が、あるトピックについての最初のディスカッションを展開させてくること。それを中心にチュートリアルが行われる。(パターン3と同様)
チューターが、学生の予習課題をもとに発展させたことについて、ディスカッションする。	学生の予習課題をもとに、そのトピックについての考えをディスカッションする。
学生の予習課題をもとに、それを発展させる。	チューターには、ディスカッションをまとめる責任がある。 この段階では、学生とチューターの関係は、より対等なものと捉えられている。
<u>知識とは、異議が唱えられ、議論されるもの。</u> ある事柄について考える上で、1つの正しい方法があるわけではない。	知識とは、異議が唱えられ、議論されるもの。(パターン3と同様)

```
        クラス規模              →  ②少人数
   ③ソクラテス的要素           →  Phase 1
        主体                    →  ①学生主体 (student-centred)
```

出所）Ashwin, P., "Variation in students' experiences of the 'Oxford Tutorial'", 2005, pp.635-639. に筆者が加筆修正（下線部も筆者による）。

参考・引用文献

安部悦生『ケンブリッジのカレッジ・ライフ』中央公論社、1997 年。
石附実・笹森健編『オーストラリア・ニュージーランドの教育』東信堂、2001 年。
潮木守一『京都帝国大学の挑戦』講談社学術文庫、1997 年。
潮木守一『フンボルト理念の終焉？―現代大学の新次元―』東信堂、2008 年。
苅谷剛彦『イギリスの大学・ニッポンの大学』中公新書ラクレ、2012 年。
金子元久『大学の教育力―何を教え、学ぶか―』ちくま新書、2007 年。
楠見孝・道田泰司編『批判的思考―21 世紀を生きぬくリテラシーの基盤―』新曜社、2015 年。
児玉善仁・別府昭郎・川島啓二編『大学の指導法―学生の自己発見のために―』東信堂、2004 年。
子安増生「英国における高等教育教授システムについて」『京都大学高等教育研究（紀要）』創刊号、1995 年、46 ～ 53 頁。
小山堯志『英国流リーダーの作り方―文武両道に秀でるには―』テーミス、1996 年。
沢田徹編『主要国の高等教育－現状と改革の方向－』第一法規、1970 年。
杉本和弘『戦後オーストラリアの高等教育改革研究』東信堂、2003 年。
杉本均編『トランスナショナル高等教育の国際比較―留学概念の転換―』東信堂、2014 年。
世界教育史研究会編（梅根悟監修）『世界教育史大系 26 ―大学史 I ―』講談社、1974 年。
塚原修一編『高等教育市場の国際化』玉川大学出版部、2008 年。
筒井泉「大学における大学生・教員数比率の国際比較」最終報告、2010 年。
中野幸次『ソクラテス』清水書院、1967 年。
成田克矢「イギリスの大学改革」大学改革研究会編『世界の大学改革』亜紀書房、1969 年、44 ～ 96 頁。
秦由美子『イギリスの大学―対位線の転位による質的転換』東信堂、2014 年。
藤原正彦『遥かなるケンブリッジ――数学者のイギリス』新潮文庫、1994 年。
舟川一彦『十九世紀オックスフォード』上智大学、1999 年。
松塚修三・安原義仁『国家・共同体・教師の戦略』昭和堂、2006 年。
安原義仁「近代オックスフォード大学の教育と文化」橋本伸也他著『エリー

ト教育』ミネルヴァ書房、2001 年、202 〜 240 頁。
安原義仁「イギリスの大学における学士学位の構造と内容」日本高等教育学会編『高等教育研究』第 8 集、2005 年、95 〜 120 頁。
渡辺かよ子『メンタリング・プログラム』川島書店、2009 年。
OECD 教育研究革新センター／世界銀行編『国境を越える高等教育—教育の国際化と質保証ガイドライン—』明石書店、2008 年。
エルトン, L.（香取草之助監訳）『高等教育における教授活動—評定と訓練—』東海大学出版会、1989 年。
オルドリッチ, R.（松塚修三他監訳）『イギリスの教育』玉川大学出版部、2001 年。
グリーン, H. H. V.（安原義仁、成定薫訳）『イギリスの大学—その歴史と生態—』法政大学出版局、1994 年。
サンダーソン, M.（安原義仁訳）『イギリスの大学改革－ 1809-1914 －』玉川大学出版部、2003 年。
シャルル, C. & ヴェルジェ, J.（岡山茂、谷口清彦訳）『大学の歴史』白水社、2009 年。
ストーン, L.（佐田玄治訳）『エリートの攻防—イギリス教育革命史—』御茶の水書房、1985 年。
パーキン, J. H.（新堀通也監訳）『イギリスの新大学』東京大学出版会、1970 年。
パーキン, J. H.（有本章他編訳）『イギリス高等教育と専門職社会』玉川大学出版部、1998 年。
ラシュドール, H.（横尾壮英訳）『大学の起源 —ヨーロッパ中世大学史—（上），（下）』東洋館出版社、1968 年。
ローラー, J. 編（上村達雄訳）『新しい大学』時事通信社、1970 年。
ロス, G. M. 編（原芳男 共訳）『ニュー・ユニバーシティ —イギリス型の大学創造—』東京大学出版会、1970 年。
Ashby, E., *Challenge to Education*. Angus and Robertson, 1946.
Ashby, E., *Universities: British, Indian, African – A Study in the Ecology of Higher Education –*. Weidenfeld and Nicolson, 1966.
Ashwin, P., " Variation in students' experiences of the 'Oxford Tutorial' ", *Higher Education*. vol. 50, 2005, pp.631-644.
Armytage, W. H. G., *Civic Universities*. Arno Press, 1955.
Bailey, C.（Revised by Bamborough, J. B.）, "The Tutorial System", *Handbook to the University of Oxford*. Clarendon Press, 1962.
Barcan, A., *A History of Australian Education*. Oxford University Press, 1980.
Barff, E. H., *A Short Historical Account of the University of Sydney*. Angus & Robertson, 1902.
Bell, A. & Mladenovic, R., "The benefits of peer observation of teaching for

tutor development", *Higher Education*. vol.55, 2008, pp.735-752.
Bellot, H. H., *University College, London*. University of London Press, 1929.
Berdahl, O. R., *British Universities and the State*. Arno Press, 1959.
Blainey, G., *A Centenary History of the University of Melbourne*. Melbourne University Press, 1957.
Cazaly, C. & Davies, M., "How to Structure and Teach a Tutorial", Teaching and Learning Unit at Faculty of Economics and Commerce, The University of Melbourne, 2007.
Committee on Higher Education, *Higher Education － Report*. London, 1963.
Curthoys, M., "Examinations, Liberal Education, and the Tutorial System in Nineteenth-Century Oxford", 広島大学研究会発表資料, 2006.
Edelman, J., "Challenges for University education in the next century", Convocation of UWA Graduates, Sept. 2013.
Field, M. R., "Student responses to an academic's search for a flexible-alternative-quality teaching delivery method", Conference Paper, Online Learning and Teaching Conference, November 2004.
Field, M. R., "Favourable Conditions for Effective and Efficient Learning in a Blended Face-to-face/Online Method", Conference Paper, Ascilite 2005: Balance, Fidelity, Mobility: Maintaining the Momentum, QUT, 2005.
Foster, G. C., "Outline of the History of University College" In *University of London, University College Calendar*. Taylor and Francis, 1907.
Jones, A., "Tutorial Questioning Technique", Teaching and Learning Unit at Faculty of Economics and Commerce, The University of Melbourne, 2007.
Jones, E. P., *Education in Australia*. David & Charles, 1974.
Jones, R. D., *The Origins of Civic Universities*. Routledge, 1988.
Little, G., *The University Experience*. Melbourne University Press, 1970.
Lublin, J., "Conducting Tutorials", HERDSA Green Guides Series, Higher Education Research and Development Society of Australia, 1987.
Markham, F., *Oxford*. A. R. Mowbray and Co. Ltd., 1975.
Machintyre, S. & Thomas, J. (eds.), *The Discovery of Australian History 1890-1939*. Melbourne University Press, 1995.
Negley, H., *The University of London, 1836-1986: an illustrated history*. Athlone Press, 1986.
Palfreyman, D. (ed.), *The Oxford Tutorial: 'Thanks, you taught me how to think'*. OxCHEPS, 2001.
Rhoden, C. & Dowling, N., "Why tutors matter: realities of their role in transition", Refereed paper, 2006.

Scott, E., *A History of the University of Melbourne*. Melbourne University Press, 1936.

Simpson, G. L., "Reverend Dr John Woolley and Higher Education" In Turney, C. (ed.) , *Pioneers of Australian Education: A Study of the Development of Education in New South Wales in the Nineteenth Century*. Sydney University Press, 1969, pp.81-113.

Stuesser, L., "A Reflection on the Bond Model of Teaching", *Bond Law Review*. Vol. 21, Article 6, 2009, pp.164-172.

Sweeney, J. & Ingram, D., "A Comparison of Traditional and Web-Based Tutorials in Marketing Education: An Exploratory Study", *Journal of Marketing Education*. April 2001, pp.55-62.

Sweeney, J. et.al., "Traditional face-to-face and web-based tutorials: a study of university students' perspectives on the roles of tutorial participants", *Teaching in Higher Education*. Vol.9, No.3, July 2004, Routledge, pp.311-323.

Truscot, B., *RedBrick [i.e. Red Brick] Unviersity*. Faber, 1943.

Turney, C. et al., *Australia's First — A History of the University of Sydney Vol.1 ; 1850-1939 —*. The University of Sydney, 1991.

University College, University of London, *Calendar*. Taylor and Francis, 1928.

University Grants Committee, *University Development—Report on the years 1947 to 1952*. 1953.

University Grants Committee, *Report of the Committee on University Teaching Methods*. London, 1964.

Wheelwright, L. E., *Higher Education in Australia*. F. W. Cheshire, 1965.

あとがき

　本書は、京都大学大学院教育学研究科に提出した博士学位論文「高等教育におけるチュートリアルの伝播と変容―イギリスからオーストラリアへ―」（2016年3月に「博士（教育学）」取得）に加筆修正を行ったものである。
　本書で考察対象とした、高等教育におけるチュートリアルという教授形態については、2005年の自身の修士課程入学とともに研究を始め、その後博士論文を経て博士学位を取得するまでの間、一貫してこのテーマに関心を持って研究を続けてきた。研究を始めた当時、日本において、学生を主体とする教育形態への関心は必ずしも高くはなかった。しかし、昨今では、アクティブ・ラーニングという言葉に象徴されるように、高等教育段階のみならず、中等教育段階においても、学生を主体とした学びの形が模索されてきている。いま日本の教育界が、チュートリアル研究から得られる示唆は少なくない。
　比較教育学という研究分野は、海外の教育実践から学ぶことが多いため、ややもすればそのまま日本へ導入するという安易な政策への引き金になりかねない。しかし、文化的・歴史的に背景の異なる西洋における教授形態をそのまま日本に導入することはいささか安直であると言わざるを得ない。本チュートリアル研究で明らかにしたかったのは、そのような "How to" ではなく、その根底に流れている教育への信頼と情熱である。
　いま何よりも大切なのは、高等教育段階、中等教育段階等で求められてきている「すぐに目に見える結果」ではなく、「長期的なスパンで学生（生徒）を育てていこうというまなざし」なのではないかと思う。その上で、本研究が少しでもそのきっかけとなれば、著者としてこれ以上の喜びはない。

さて、本書がこうして世に出るまでには、たくさんの方々からのご指導と励ましをいただいた。この場を借りてお礼申し上げたい。

私が大阪外国語大学外国語学部（現大阪大学外国語学部）在学中、2002年から2003年にかけて英国オックスフォード大学へ留学した経験は、自分の人生を大きく変えるきっかけとなった。それまで日本の大学でしか教育を受けて来なかった私は、日英の授業スタイルの違いや、学生と大学教員の距離感の違いに大きな衝撃を受けた。帰国後、大学4年生になって就職も考えていた私に、多大な影響を与えてくださったのは、オックスフォード大学留学中にお世話になっていた、コリン・ブロック（Colin Brock）氏であった。ブロック氏が京都大学で講演されるということで、聴講に行った私を待っていたのは、当時滋賀大学で教鞭を取られていた秦由美子先生（現・広島大学高等教育研究開発センター教授）との出会いであった。秦先生が、私の母校大阪府立北野高校の大先輩である、当時国立教育政策研究所の高等教育研究部・総括研究官をされていた川島啓二先生（現・九州大学基幹教育院教授）をご紹介くださり、そこから大学院という世界への扉が開いていった。

京都大学大学院の修士課程に入学してから、博士後期課程を経て博士論文を執筆し博士学位を取得するまでには、入学当初は考えてもいなかったほどの時間と経験が必要であった。

大学院入学当初は、とにかく現地（イギリスやオーストラリア）に赴いて、研究者にアポを取り、インタビューを行うという手法をとっていた。それは特に、チュートリアルのような中身の見えにくい教授形態を研究する上では意味があり、なによりもモチベーションを保つ上で貴重な経験であった（それだけでは十分ではなく、むしろ文献で書かれていることの方が資料としては重んじられることを後で知るのであるが）。

オックスフォード大学での現地調査では、何よりもマーク・カートイス（Mark Curthoys）氏に大変お世話になった。2009年に、グローバルCOE「心が活きる教育のための国際的拠点」大学院生海外留学資金に

てオックスフォード大学へ2か月間の短期留学をさせていただいた際には、カートイス氏から実際にチュートリアルのような形でご指導を受け、多くの示唆をいただいた。英国滞在中には、ロンドン大学で行われた国際シンポジウムで学会発表の機会も得た。そこで知り合った、ロンドン大学教授のロナルド・バーネット（Ronald Barnett）氏は、実業家から大学の教員になられたという経歴をお持ちであり、バーネット氏がおっしゃった「1日1頁書けば、1年でどれだけの量が書けると思う？」という言葉は大きな励みとなった。また、同滞在中には、ケイティ・グレイ（Katie Gray）氏やデボラ・メゾン（Deborah Mason）氏等、2002年からのオックスフォード大学留学中にお世話になっていた恩師たちにもインタビューさせていただく機会を得た。また、オックスフォード大学の学生や院生にもインタビューに応じてもらった。さらに、オックスフォード大学やケンブリッジ大学で歴史研究をされている著名な先生方にもインタビューさせていただく機会を得たことは、文献から読み取れる以上に研究への情熱を感じさせていただく貴重な経験となった。この場を借りてお礼申し上げたい。

　オーストラリアにおける現地調査では、現在チュートリアルがどのように変容しているかを知る上で大変興味深い話をたくさん聞かせていただいた。特にラリー・ニール（Larry Neale）氏には、度々インタビューを引き受けていただき、ジル・スウィーニー（Jill Sweeney）氏等にも興味深い実践について教えていただくことができた。感謝の言葉を述べさせていただきたい。

　そしてなによりも、学位論文審査に際して主査を務めていただき、京都大学大学院入学後から博士論文執筆まで、長きに渡りご指導してくださった、杉本均先生（京都大学大学院教育学研究科教授）には、言葉で表すことができないほどの感謝の気持ちでいっぱいである。私は博士後期課程単位取得後、宮城県の高校で教鞭を取りながら博士号取得を目指したのだが、その間も変わることなく温かい励ましの声をかけ続けてくだ

さった。杉本先生がいらっしゃらなければ、私が京都大学の博士号を取得するのはとうてい困難であったと思う。

学位論文審査の副査は、南部広孝先生（京都大学大学院教育学研究科准教授）、そして稲垣恭子先生（同教授）に務めていただいた。南部先生には、修士論文執筆の際より丁寧なご指摘をしていただいた。日本の高等教育を念頭において読む読者に対して、海外の高等教育についてどう説明するのか、という視点は大変重要であり、今後この視点を意識していきたい。そして、英国ヨーク大学やオックスフォード大学で客員研究員をされた経験もお持ちの稲垣先生には、実際にイギリスの高等教育現場を間近で見られた立場からのご指摘をいただいた。チュートリアルには「理念型」というものがあって、しかし実際の実践はもっと複雑なのではないか、という問いかけには改めて考えさせられた。本書は扱っている空間軸も時間軸も広いため、できるだけわかりやすいものにしようとしていた自分の考えの浅はかさに気付かされる思いだった。主査、副査の先生方からいただいたご指摘を今後の研究に活かしていきたいと思う。

出版にあたっては、イギリス高等教育がご専門である秦由美子先生と、オーストラリア高等教育がご専門である杉本和弘先生（現東北大学高度教養教育・学生支援機構教授）からご指摘をいただいた。秦先生からは研究手法等についてのご指摘をいただいた。杉本先生からは、新しい形の「チュートリアル」を、オーストラリアだけではなくイギリスにおいても追っていく必要があるのではないかという重要なご指摘をいただいた。お二方からのご指摘は、今後の研究を深めていく上での課題とさせていただきたい。

オーストラリアの教育研究に関しては、オセアニア教育学会で共同研究をさせていただいた佐藤博志先生（現筑波大学人間系教育学准教授）や杉本和弘先生から励ましとお力をいただいた。また、ともに切磋琢磨しながら学んできた京都大学大学院比較教育学講座の仲間の存在も、かけがえのない大きな支えとなった。

またこの間、大学院における研究だけでなく、高校という教育現場で教育実践に携われたことは、私にとって大きな糧となった。大学（高等教育）と高校（中等教育）という教育の現場は違えど、教育の根底に流れているものや、教員と学生（生徒）の関係には共通するものがあることを再確認する時間となったからである。大阪で非常勤講師をしていた頃にお世話になった、母校大阪府立北野高校の先生方、また大阪市立中央高校、大阪市立南高校の先生方には、関西で教員をすることの難しさと面白さを教えていただいた。宮城県に移ってからお世話になった、宮城県泉高校の先生方、宮城県石巻高校の先生方からは、東北の子ども達を相手に教える真摯な態度を教えていただいたと思う。さらに、現在の勤務先である沖縄カトリック中学高等学校の先生方からは、私立の学校で教えることと公立の学校で教えることの違いを教えていただいた。東北・関西・沖縄と、教鞭を取る場所は違っていても、共通しているものがあった。それは教員の、生徒を見るまなざしの温かさであった。もちろん、教員として教える技術や知識を鍛錬するのは大切であるが、何よりも生徒の心に響くのは、先生からの愛情のこもったまなざしなのではないかと思う。教員のスタイルは千差万別、生徒への伝え方や、一見してのスタンスは様々であるが、どの教員も、生徒への興味と関心を持って、その成長を望んで教壇に立たれていた。そういう意味では、チュートリアルでの教員と学生の関係は、ともすると日本の高校における教員と生徒の関係に近いのかも知れない。高校教員としても現場での経験を積んできたこの時間は、そんなことを考えさせられる貴重な経験となった。教育現場でお世話になった数々の先生方に改めて感謝の意を表したい。

ところで、本書はまだまだ至らぬところが多く拙い研究であるが、それでも何とか刊行にまでこぎつけたことで、自身の研究者としてのスタート地点にやっと辿り着けた思いがしている。今後も、本書で考察が十分しきれなかった部分の研究を深めていきたい。そういった意味でも、

忌憚のないご意見・ご批判をいただければ幸いである。

　なお、本書は京都大学総長裁量経費・若手研究者出版助成事業からの助成金の交付を受けて出版されるものである。あらためて感謝の意を表したい。

　本書の刊行にあたっては、東信堂のご理解とご協力が不可欠であった。比較教育学研究者の憧れである東信堂から出版させていただけることは、これまで京都大学大学院の院生として努力してきた全てが報われるほどのご褒美であると感じている。出版にあたり多大なご理解とサポートをいただいた東信堂の下田勝司氏をはじめ、お世話になった東信堂の方々に感謝申し上げたい。

　最後に、大学院へ進むことに理解を示してくれた両親、たくさんのハードルを乗り越えての論文執筆を応援してくれた家族、いつも側で励ましてくれる夫に、ここには書ききれないほどの感謝を送りたい。

2017 年 3 月
沖縄・宜野湾にて
竹腰　千絵

索引

人名索引

《ア行》

アーミティジ（Armytage, W. H. G.）……7
アシュウィン（Ashwin, P.）……37, 40, 168
アシュビー（Ashby, E.）……7, 95, 97, 101
アレクサンダー（Alexander, F.）……107-108
イングラム（Ingram）……144
ウィールライト（Wheelwright, L. E.）……113, 115
ウィカム（Wykeham）……26
ウィルソン（Wilson, P. W.）……101-102
ウェブ（Webb, J.）……106
ウェントワース（Wentworth, C. W.）……95-98, 100-101
ウッド（Wood, A. G.）……106
ウリー（Woolley, J.）……96-100
エデルマン（Edelman, J.）……141, 157
オルドリッチ（Aldrich, R.）……6

《カ行》

カートイス（Curthoys, M.）……28, 30, 33
カザリー（Cazaly, C.）……126, 128, 131-133
クロフォード（Crawford, M.）……107-110
コプルストン（Copleston, E.）……30-32

《サ行》

沢田徹……6
サンダーソン（Sanderson, M.）……5, 33
ジョウエット（Jowett, B.）……31, 34-35
ジョーンズ（Jones, A.）……126, 132-133, 141
ジョーンズ（Jones, E. P.）……112
ジョーンズ（Jones, R. D.）……6
シンプソン（Simpson, G. L.）……7

スウィーニー（Sweeney, J.） ……………………………………………… 144
杉本和弘 ………………………………………………………………… 8, 93
スコット（Scott, E.） ……………………………………………… 7, 104-108
ステッサー（Stuesser, L.） ………………………………………………… 142
スミス（Smith, J.） ………………………………………………………… 97

《タ行》

ターネイ（Turney, C.） …………………………………………………… 7
ダウリング（Dowling, N.） ……………………………………… 136-137, 139
チルダーズ（Childers, H.） ……………………………………………… 101
デア（Dare, R.） ………………………………………………………… 108-110
デイビス（Davies, M.） ………………………………………… 126, 128, 131-133
トーマス（Thomas, J.） …………………………………………………… 7
トラスコット（Truscot, B.） …………………………………………… 7, 68

《ナ行》

成田克矢 …………………………………………………………………… 5, 36
ネグレイ（Negley, H.） …………………………………………………… 6

《ハ行》

パーキン（Perkin, J. H.） ………………………………………………… 6
バーダール（Berdahl, O. R.） …………………………………………… 6
バート（Bart, Y. G.） ……………………………………………………… 56
バーフ（Barff, E. H.） …………………………………………………… 7
ハーン（Hearn, E. W.） ………………………………………………… 101-102
パッティソン（Pattison, M.） …………………………………………… 32
ハミルトン（Hamilton, W.） …………………………………………… 30-31
ハンコック（Hancock, K.） ……………………………………………… 107
フィールド（Field, M. R.） ……………………………………………… 147-150
フォックス（Fox, L. R.） ………………………………………… 35-36, 40
舟川一彦 …………………………………………………………………… 5
ブレイニー（Blainey, G.） ………………………………………………… 7
ベイリー（Bailey, C.） …………………………………………………… 37
ベル（Bell） ……………………………………………………………… 134
ベル（Bell, K.） ………………………………………………………… 107
ペル（Pell, B. M.） ………………………………………………………… 97
ベロー（Bellot, H. H.） …………………………………………………… 6
ヘンリ2世 ………………………………………………………………… 24

《マ行》

マーカム（Markham, F.） ……………………………………………………… 34
マッキンタイア（Macintyre, S.） …………………………………… 7, 106-107
マッコイ（McCoy, F.） ……………………………………………………… 102
ムラデノビッチ（Mladenovic） ……………………………………………… 134

《ヤ行》

安原義仁 ………………………………………………………………………… 5

《ラ行》

ラシュドール ………………………………………………………… 21-22, 24
ラムズデン（Ramsden, P） ………………………………………………… 150
リトル（Little, G.） ………………………………………………………… 114
ルブリン（Lublin, J.） …………………………………… 126-129, 131-134
ロウ（Rowe, E. H.） ……………………………………………………… 101
ローデン（Rhoden, C.） ……………………………………………… 136-137, 139
ローラー（Lawlor, J.） ……………………………………………………… 6
ロバーツ（Roberts, S.） …………………………………………………… 107

事項索引

《アルファベット》

Academic Skills Unit ……………………………………………………… 126
ASU ……………………………………………………………………… 126, 130
CAE ……………………………………………………… 112, 115, 147, 151, 153
Group of Eight …………………………………………………………… 143
NUS ………………………………………………………………………… 66-67
UGC ……………………………………………………… 17-18, 65-67, 70-72
USQ ………………………………………………………………………… 152
WEA（Workers Educational Association）………………………………… 105
web-based tutorial ………………………………………………………… 143

《ア行》

アクティブ・ラーニング …………………………………………………… 3
ウェブ・チュートリアル …………………………………… 143-146, 152-155
エッセイ ……………………………………… 3, 18-20, 36, 114, 128, 130-131

オーストラリア学生組合（Australian Union of Students）……………114
オックスフォード……………………………………………………17, 28
オックスフォード運動（Oxford Movement）……………………31
オックスフォード大学………………………………14, 18, 24-27, 30-35
オックスブリッジ……………………………………3, 13-22, 27-29, 32-35
オックスブリッジ・モデル………………………………95-96, 98, 100
オフ・キャンパス……………………………………………………151-153
オン・キャンパス……………………………………………………151-152

《カ行》

学位授与権………………………………………………………14-15, 61, 71
学外学位（external degrees）………………………14-15, 55, 61-62, 71
学外学位試験……………………………………………………………56, 62
学生主体（student-centred）……………………………………………3, 17
学科制………………………………………………………………………71, 74
カテキズム（catechism）……………………………………………32-33
カテキズム的（catechetical）少人数教育………………………32-33, 35
カレッジ制………………………………………8, 14-15, 20-23, 26-27
寄宿舎（Hall of Residence）………………………………64, 68, 71-72
教養教育……………………………………………………………………30
クイーンズランド工科大学（Queensland University of Technology）………146, 150-151
ケンブリッジ……………………………………………………18, 27-29
ケンブリッジ大学……………………………………13-14, 24, 31, 33, 37
高等教育委員会（Committee on Higher Education）………16, 18-19
高等教育カレッジ（College of Advanced Education）………111, 147

《サ行》

シドニー大学……………………………………………………95-100, 128
市民大学（Civic Universities）……………………14-16, 19-20, 61-64
新大学………………………………………………………………15, 70-74
スーパーバイザー…………………………………………………………37
スーパービジョン………………………………………………………18, 37
スクール制…………………………………………………………………72
セミナー（seminar）………………………………………………16-17, 20
全英学生連合（National Union of Students）………………………65
ソクラテス……………………………………………………………………32
ソクラテス的問答法（Socratic Method）……………………………34-36

《タ行》

大学補助金委員会（University Grants Committee）……………………………17, 64
チューター（tutor）……………………………………3, 17-18, 26-27, 29, 31-35
チュートリアル（tutorial）………………………3-4, 17-21, 26-27, 29, 31, 34-35
通学制（non-residence of students）…………………………………14-15, 54, 61
提携カレッジ………………………………………………………………55-56, 62

《ナ行》

西オーストラリア大学（University of Western Australia）………………143, 155

《ハ行》

パリ大学……………………………………………………………………8, 21-25
フィードバック……………………………127, 134-136, 140, 145, 150, 154
フェロー（fellow）……………………………………………………………25-27
プライベート・チューター………………………………………………27, 34
ヘイル委員会………………………………………………………………………74
ボローニャ大学……………………………………………………………21-22

《マ行》

マーティン報告（Martin Report）………………………………………………111
南クイーンズランド大学（University of Southern Queensland）………151, 155
メルボルン大学………………………………………………………………101-105

《ヤ行》

優等学位（honours degree）……………………………………………28-30, 32-34
優等学位試験…………………………………………………………………3, 27-33

《ラ行》

リーディング・リスト………………………………………………………131, 148
レクトリアル（lectorial）………………………………………………………146-151
ロビンズ委員会（Robbins Committee）…………………………………………74, 113
ロンドン大学（University of London）……………………14-15, 19-20, 55-57
ロンドン大学モデル……………………………………………………95-97, 100

《ワ行》

ワーク報告（Wark Report）……………………………………………………111

著者紹介

竹腰　千絵（たけこし　ちえ）
　1981 年　　大阪府生まれ
　2002 年　　オックスフォード大学留学（British Studies 専攻）
　2005 年　　大阪外国語大学外国語学部地域文化学科（英語専攻）卒業
　2013 年　　京都大学大学院教育学研究科博士後期課程　単位取得退学
　現在　　　沖縄カトリック中学高等学校教員
　専攻　　　比較教育学、博士（教育学）

主要著書・論文
『オーストラリアの教育改革―21 世紀型教育立国への挑戦―』（共著、学文社、2011 年）、『オーストラリア・ニュージーランドの教育―グローバル社会を生き抜く力の育成に向けて』（共著、東信堂、2014 年）、『トランスナショナル高等教育の国際比較―留学概念の転換』（共著、東信堂、2014 年）、「イギリス高等教育におけるチュートリアルの伝播と変容」『京都大学大学院教育学研究科紀要』第 54 号（京都大学大学院教育学研究科、2008 年）など。

Transition and Transformation of the tutorial system:
from British to Australian universities

チュートリアルの伝播と変容──イギリスからオーストラリアの大学へ

2017 年 3 月 25 日　初版第 1 刷発行　　　　　　　　　　　　〔検印省略〕

＊定価はカバーに表示してあります

著者 © 竹腰千絵　　発行者 下田勝司　　　　　　印刷・製本　中央精版印刷

東京都文京区向丘 1-20-6　郵便振替 00110-6-37828　　　　発行所
〒 113-0023　　TEL 03-3818-5521（代）　FAX 03-3818-5514　株式会社 東信堂
　　　　　E-Mail tk203444@fsinet.or.jp　　URL http://www.toshindo-pub.com
　　　　　　　　Published by TOSHINDO PUBLISHING CO.,LTD.
　　　　　　　　1-20-6, Mukougaoka, Bunkyo-ku, Tokyo, 113-0023, Japan

ISBN978-4-7989-1421-3 C3037　　© Takekoshi Chie

東信堂

トランスナショナル高等教育の国際比較——留学概念の転換	杉本 均編著	三六〇〇円
チュートリアルの伝播と変容——イギリスからオーストラリアの大学へ	竹腰 千絵	二八〇〇円
[新版]オーストラリア・ニュージーランドの教育——グローバル社会を生き抜く力の育成に向けて	青木麻衣子・佐藤博志編著	二〇〇〇円
戦後オーストラリアの高等教育改革研究	杉本 和弘	五八〇〇円
オーストラリアのグローバル教育の理論と実践——開発教育研究の継承と新たな展開	木村 裕	三六〇〇円
オーストラリアの教員養成とグローバリズム——多様性と公平性の保証に向けて	本柳とみ子	三六〇〇円
オーストラリア学校経営改革の研究——自律的学校経営とアカウンタビリティ	佐藤 博志	三八〇〇円
オーストラリアの言語教育政策——多文化主義における「多様性と」「統一性」の揺らぎと共存	青木麻衣子	三八〇〇円
イギリスの大学——対位線の転移による質的転換	秦 由美子	五八〇〇円
統一ドイツ教育の多様性と質保証——日本への示唆	坂野 慎二	二八〇〇円
ドイツ統一・EU統合とグローバリズム——教育の視点からみたその軌跡と課題	木戸 裕	六〇〇〇円
教育における国家原理と市場原理——チリ現代教育史に関する研究	斉藤 泰雄	三八〇〇円
中央アジアの教育とグローバリズム	川野辺敏・嶺井明子編著	三二〇〇円
インドの無認可学校研究——公教育を支える「影の制度」	小原 優貴	三六〇〇円
バングラデシュ農村の初等教育制度受容	日下部達哉	四七〇〇円
マレーシア青年期女性の進路形成	鴨川 明子	三六〇〇円
東アジアにおける留学生移動のパラダイム転換——大学国際化と「英語プログラム」の日韓比較	嶋内 佐絵	三六〇〇円
韓国大学改革のダイナミズム——ワールドクラス（WCU）への挑戦	馬越 徹	二七〇〇円
韓国の才能教育制度——その構造と機能	石川 裕之	三八〇〇円

〒113-0023 東京都文京区向丘1-20-6
TEL 03-3818-5521 FAX 03-3818-5514 振替 00110-6-37828
Email tk203444@fsinet.or.jp URL:http://www.toshindo-pub.com/

※定価：表示価格（本体）＋税

東信堂

アセアン共同体の市民性教育	平田利文編著	三七〇〇円
市民性教育の研究——日本とタイの比較	平田利文編著	四二〇〇円
世界のシティズンシップ教育——グローバル時代の国民／市民形成	嶺井明子編著	二八〇〇円
中央アジアの教育とグローバリズム	嶺井明子編著	三二〇〇円
ヨーロッパの学校における市民的社会性教育の発展	大友秀明編著	三八〇〇円
社会を創る市民の教育——協働によるシティズンシップ教育の実践	新井浅孝・井藤浩典・武野敏子編著	二五〇〇円
現代ドイツ政治・社会学習論——「事実教授」の展開過程の分析	大友秀明	五二〇〇円
アメリカにおける多文化的歴史カリキュラム	桐谷正信	三六〇〇円
アメリカ公民教育におけるサービス・ラーニング	唐木清志	四六〇〇円
社会形成力育成カリキュラムの研究	西村公孝	六五〇〇円
比較教育学事典	日本比較教育学会編	一二〇〇〇円
比較教育学の地平を拓く	森下稔編著	四六〇〇円
比較教育学——越境のレッスン	馬越徹	三六〇〇円
比較教育学——伝統・挑戦・新しいパラダイム	馬越・ブレイ編著／大塚豊監訳	三八〇〇円
国際教育開発の研究射程——「持続可能な社会」のための比較教育学の最前線	北村友人	二八〇〇円
国際教育開発の再検討——途上国の基礎教育普及に向けて	西村・山村・北村編著／浜野・三輪・小川監訳	三八〇〇円
発展途上国の保育と国際協力	浜野隆・三輪千明著	二四〇〇円
中国教育の文化的基盤	顧明遠著／大塚豊監訳	二九〇〇円
中国大学入試研究——変貌する国家の人材選抜	大塚豊	三六〇〇円
東アジアの大学・大学院入学者選抜制度の比較——中国・台湾・韓国・日本	南部広孝	三二〇〇円
中国高等教育独学試験制度の展開	南部広孝	三三〇〇円
中国の職業教育拡大政策——背景・実現過程・帰結	劉文君	五〇四八円
中国における大学奨学金制度と教育評価	王帥	五四〇〇円
中国高等教育の拡大と教育機会の変容	王傑	三九〇〇円
現代中国初中等教育の多様化と教育改革	楠山研	三六〇〇円
文革後中国基礎教育における「主体性」の育成	李霞	二八〇〇円

〒113-0023 東京都文京区向丘1-20-6　TEL 03-3818-5521　FAX 03-3818-5514　振替 00110-6-37828
Email tk203444@fsinet.or.jp　URL:http://www.toshindo-pub.com/

※定価：表示価格（本体）＋税

東信堂

大学の自己変革とオートノミー —点検から創造へ	寺崎昌男	二五〇〇円
大学教育の創造—歴史・システム・カリキュラム	寺崎昌男	二五〇〇円
大学教育の可能性—教養教育・評価・実践	寺崎昌男	二五〇〇円
大学は歴史の思想で変わる—FD・評価・私学	寺崎昌男	二八〇〇円
大学改革 その先を読む	寺崎昌男	一三〇〇円
大学自らの総合力—理念とFD そしてSD	寺崎昌男	二〇〇〇円
大学自らの総合力II—大学再生への構想力	寺崎昌男	二四〇〇円
21世紀の大学：職員の希望とリテラシー	寺﨑昌男・立教学院職員研究会編著	二五〇〇円
ミッション・スクールと戦争—立教学院のディレンマ	老川慶喜編	五八〇〇円
一貫連携英語教育をどう構築するか	前田一男編	一八〇〇円
英語の一貫教育へ向けて —「道具」としての英語観を超えて	鳥飼玖美子編著／立教学院英語教育研究会編	二八〇〇円
大学評価の体系化	大学基準協会編	三二〇〇円
高等教育の質とその評価—日本と世界	山田礼子編著	二八〇〇円
アウトカムに基づく大学教育の質保証—チューニングとアセスメントにみる世界の動向	深堀聰子	三六〇〇円
高等教育質保証の国際比較	杉本和弘編	三六〇〇円
学士課程教育の質保証へむけて —学生調査と初年次教育からみえてきたもの	山田礼子	三二〇〇円
新自由主義大学改革—国際機関と各国の動向	細井克彦編集代表	三八〇〇円
新興国家の世界水準大学戦略 —世界水準をめざすアジア・中南米と日本	米澤彰純監訳	四八〇〇円
東京帝国大学の真実	舘昭	二〇〇〇円
日本近代大学形成の検証と洞察	舘昭	四六〇〇円
原理・原則を踏まえた大学改革を —場当たり策からの脱却こそグローバル化の条件	大島英穂	二八〇〇円
学生支援に求められる条件 —学生支援GPの実践と新しい学びのかたち	清野雄多司	二八〇〇円
アカデミック・アドバイジング その専門性と実践 —日本の大学へのアメリカの示唆	清水栄子	二四〇〇円

〒113-0023 東京都文京区向丘1-20-6　TEL 03-3818-5521　FAX 03-3818-5514　振替 00110-6-37828
Email tk203444@fsinet.or.jp　URL:http://www.toshindo-pub.com/
※定価：表示価格（本体）＋税